# The Challenge of DIA
## 同志社国際学院の挑戦

同志社国際学院
Doshisha International Academy（DIA）

# 大迫弘和
Hirokazu Osako

成文堂

## はじめに

　DIA は日英バイリンガルスクールである DIA 初等部と、外国人児童・生徒を対象とする DISK（同志社国際学院国際部 Doshisha International School, Kyoto）の二つの学校から成り立っています。DIA 初等部が 2011 年 4 月に、そして DISK が 2011 年 9 月に開校しますので、この本はその開校前に、皆さんに DIA の教育についてお伝えすることを目的としています。

　この本はそのふたつの学校のうち主に DIA 初等部について書いていきます。と言っても DISK の教育の説明抜きに DIA 初等部の教育を理解していただくことは出来ませんので（そのように二つの学校は深く結びついています）必然的にこの本では DIA 初等部と DISK という二つの学校のことを皆さんにお伝えすることになります。

　DIA 初等部は日英バイリンガルスクールです。ですからこの本も日英バイリンガルの形でお届けできればいいなと考えていますが、まずは取り急ぎ日本語版のみでお届けすることにします。ただ第 4 章のインターナショナルスクールに関する章は出来るだけ早く英文にして、世界中のインターナショナルスクールの関係者に読んでもらえたらと思い、その章だけ日英バイリンガルになっています。

　文章を書くとき、私たちは文体について考えますが、この本では、読んでくださっている皆さん方に、学校説明会に来ていただ

いたようなつもりで読んでいただけるような文体、即ち皆さんに話しかけるスタイルで書いてみることにします。遠く海外にお住まいで、なかなか日本国内での説明会に来ていただけない方々にも、説明会に出席しているような気分になっていただけたら嬉しいです。

なお既にDIAとかDISKとか使って書き始めていますが、同志社国際学院は国際学校としての教育を行う学校ですので、国際学校では一般的な英語略称での校名表示をしていくことにします。同志社国際学院の英語名はDoshisha International Academyで、その英語略称はDIAとなります。同志社国際学院が開校する日英バイリンガルスクールである小学校は『同志社国際学院初等部』といいますが、この本ではそれをDIA初等部と呼んでいきます。また同志社国際学院が開校するもう一つの学校、外国人児童・生徒を対象とするインターナショナルスクールは『同志社国際学院国際部』といいますが、この学校の海外での名称はDoshisha International School, Kyotoとなりますので、その略称のDISKをこの本では使います。

本の構成ですが、第1章は2010年4月10日に同志社大学寒梅館ハーディーホールで行われた『DIA初等部　国内第一回学校説明会』の講演の抄録です。まずこの本のベースになるDIAという学校についてその基本構造を知っていただくために。第2章以降第7章までは、筆者が関わっている教育カテゴリーのそれぞれについて、DIAという学校の設立と絡めながら、これまでいろいろなところで発言してきた筆者なりの日本の教育に関する見解をまとめています。出来たらそれらの章で教育の未来予想図のようなものを書けたらと考えています。最後の第8章は学習院大学で

2010年3月6日に行った講演『教育界に押し寄せる学力の標準化とは』の抄録です。

　筆者としては、DIAの教育をお伝えすることそれ自体が、日本のこれからの教育のあり方、日本がこれから目指していく教育の方向性について語ることに繋がると考えています。ですからその意味で、この本は、DIAの教育を紹介しながら、自然に、あるいは必然的にひとつの「教育論」になっていくでしょう。この本を、DIAへ入学を希望する方々だけではなく、広く、日本の教育の行く末を案ずる方々に読んでいただければと願います。

　まず本章に入る前に、HPにもパンフレットにも載せていますが「同志社国際学院の願い」と題した文章をお読みください。

「同志社国際学院の願い」
　135年の歴史の中で数え切れないほど多くの方々の弛まぬ努力によって耕され続けた同志社の肥沃な土壌。今そこに新しい種が蒔かれます。
　その種は世界中の、美しい花々の種です。そしてその種の一粒一粒には限りない可能性が秘められています。
　The Treasures in the seed（内に秘められた宝物）。
　その一粒一粒の種の限りない可能性が世界に向かって解き放たれるように、私たちは未来的な考え方に基づく国際的な手法と内容を持つ創造的な国際学校（インターナショナルスクール）を生み出して参ります。
　大人になり責任ある市民として社会に参加するために、子供の間に身につけておかなければならないこと、それは世界共通のこ

とである。私たちはそこに国際学校（インターナショナルスクール）としての大きな使命があると考えています。

　一国の良心、そして世界の良心として羽ばたく子供たちが、木津川の美しい自然の中で健やかに育ってくれることを私たちは願っています。

　2011年、同志社国際学院を開校いたします。


　良い土地に蒔かれたものとは、御言葉を聞いて受け入れる人たちであり、ある者は三十倍、ある者は六十倍、ある者は百倍の実を結ぶのである。（マルコによる福音書4章20節）


## The Hope of Doshisha International Academy

New seeds are being sown in the rich soil relentlessly and diversely cultivated by Doshisha for 135 years.

They are the seeds of beautiful flowers from around the world, seeds within which unlimited possibilities are hidden.

The seeds of treasure.

To release those unlimited possibilities towards the world, we have set out to establish a creative international school based on modern and internationally-minded methods and concepts.

The things children need to learn in order to become responsible members of the society are the same anywhere in the world, and it is there that our mission as an international school lies. We hope to nurture children who will spread their wings far and wide, as a nation's conscience, and more, as the world's conscience, developing harmoniously amidst the beautiful nature of Kizugawa City.

In 2011, our school will open its gates.

"And these are they which are sown on good ground; such as hear the word, and receive it, and bring forth fruit, some thirtyfold, some sixty, and some an hundred."（Mark 4:20, King James' Bible）

それでは始めましょう。

# 目　次

はじめに

## 第1章　Learning for Life, Learning for the World, Learning for Love ……1
DIA の基本構造　1
DIA 初等部の日英バイリンガル教育　7
グローバル 30　11

## 第2章　DIA 初等部で英語を学ぶ ……15
日英バイリンガルスクールとして　15
母語形成の重要性　16
国内の状況――小学校での英語必修化を目前にして　18
DIA 初等部の英語教育　19
日本人の英語　21

## 第3章　日本語で IB をやる（DIA 初等部の日本語教育）……24
国際バカロレア（IB）とは？　24
なぜ IB か？　29
学びの変化　37

## 第4章　インターナショナルスクールと共に学ぶ ……46
What is an international school?　46
International schools around the world and international schools in Japan　53

　　　　The future of international schools and DISK　64
　　　　Learning with an international school　71

第5章　「帰国生徒教育」から「日英バイリンガル教育を
　　　　手法とする真の国際教育」へ……………………83
　　　帰国生徒教育の変遷　83
　　　状況の変化　85
　　　次の形　89
　　　DIA の役割　92

第6章　そこは日本の学校ではない
　　　　（Japanese International School）………………96
　　　子どもを育てるということ　96
　　　そこは日本の学校ではない　100

第7章　同志社教育と DIA …………………………………106
　　　ことばの人　106
　　　親　切　110
　　　インターナショナルスクールの役割　113
　　　同志社の「優しさ」　116
　　　同志社の中の DIA　119

第8章　教育界に押し寄せる学力の標準化とは ………123
　　　比較する　123
　　　新しい評価軸を考える　128
　　　インターナショナルスクールの課題　134

学びの共同体を目指す　139
　　　飛びついてはいけない　146

（資料）「IB Learner Profile」と「中学校学習指導要領『道徳』」の
　　　　目標比較……………………………………………………………150
おわりに　……………………………………………………………154

（本書出版の時点で同志社国際学院初等部・国際部は設置認可申請中です。）

# 第 1 章　Learning for Life, Learning for the World, Learning for Love

（2010 年 4 月 10 日　同志社国際学院初等部国内第一回学校説明会より抜粋）

## DIA の基本構造

　皆様こんにちは。はじめまして。同志社国際学院設置準備室の大迫です。本日はようこそおいでくださいました。ありがとうございます。

　私は昨年 2009 年 4 月に同志社に参りまして、本日までの約 1 年間、同志社国際学院の開校準備を進めて参りました。本日、この同志社大学寒梅館ハーディーホールという場で皆様方とお会いでき、そして皆様方に私ども同志社国際学院のことをお話させていただける機会をいただけましたことを心から光栄に思い、また感謝しております。

　本日お話申し上げますことは、既にパンフレットそしてホームページでお示ししています内容と重なる部分もございますが、スクリーンを使いながら、出来るだけわかりやすくお話を進めるように努めて参ります。どうぞよろしくお願い申し上げます。

　それではお話を始めさせていただきます。

　今、スクリーンに映し出されています本日の説明会のタイトル「Learning for Life, Learning for the World, Learning for Love」は同志社国際学院のモットーです【スライド 1】。このモットーにつ

スライド1

いては後ほどまた改めて触れさせていただきますので、まず、同志社国際学院の基本的構造からお話をいたしましょう。

　2011年に開校します私どもは日本名を同志社国際学院と申します。同志社大学附属の学校になります。そして英語名はDoshisha International Academyといいますので、その略称であるDIAという名称をこれから皆様に親しんでいただければと願っています。英語の略称を使用しますのは、世界のインターナショナルスクールでは極めて一般的なことで、私ども同志社国際学院も、これからご説明申し上げますように、インターナショナルスクールとして教育を目指していきますので、このDIAという名称を使用して参ります。本日、お話の初めにまずこのDIAという名称を皆さんに覚えていただければと思います。

スライド2

　DIAは二つの学校から成り立っています。【スライド2】
　その一つが小学校1年生から6年生までの6学年からなります同志社国際学院初等部、DIA初等部です。このDIA初等部の教育についてご説明申し上げるのが本日のメインテーマです。まずはその概要をお伝えしておきます。
　クラスサイズは1クラス30人で1学年は2クラス、全児童数360名の小学校になります。海外での生活体験があったり、保護者の方の国籍が日本以外の国籍であったりといった国際的な生育背景を持った子ども達と、国内で育った子ども達が共に学ぶ日英バイリンガルスクールです。学校教育法第1条に基づく1条校ですから学年は4月始まりになります。開校は2011年4月、開校時は1年生から3年生までの3学年のお子様をお預かりすることになっています。

そしてDIAが持つもう一つの学校は1年生から5年生までのエレメンタリースクール課程、6年生から8年生までのミドルスクール課程、そして9年生から12年生までのハイスクール課程、以上全12学年（各学年1クラスずつ）をもつインターナショナルスクールである同志社国際学院国際部、Doshisha International School, Kyoto（略称DISK）です。DISKは海外からいらして日本にお住まいの外国人駐在員家庭・研究者家庭等のお子様を基本的な対象としたインターナショナルスクールとなります。

　DIA初等部、そしてDISKという二つの学校を一つのキャンパスに持つのが私どもDIAということになります。二つの学校の開校に当たりまして両校の初代校長を私が務めることになっています。

　さてこの二つの学校の小学生部分にのみ注目していただきましょう。DIA初等部の6学年とDISKのエレメンタリースクールの子ども達は、同学年の中で、出来るだけ一つになって生活していきます。その意味で、DIAの小学生は1学年が3クラスのような形で動いていくとお考えください。子ども達は授業で一緒になります。また、例えば本物と出会う学び、その実施のために、京都の史跡を見に行ったり、自然を観察したりするフィールドトリップにも子ども達は一緒に出かけます。また運動会や、その他の行事でも、一緒になっていきます。

　先生方も、DIA初等部の二人の担任の先生と、DISKの同学年の担任の先生が、3人でチームを作り、協力して仕事を進めていきます。

　そのように二つの学校の子ども達は日常的に混じり合っていきます。その状態を交流という日本語で表すのは、ちょっと違うよ

うに思っています。交流という言葉は、普段は別々で、時々混じり合いという響きがあるからです。DIAで実施される状態は、交流というより、共生とか、共に学ぶ、といった日本語が適当だと考えています。英語で言いますと learning together ということです。

そのような DIA 初等部の「位置」を確認させていただきます。
【スライド3】
まず一方の極に「日本の学校 Japanese School」を置いてみます。皆様のご近所にある日本の学校です。授業は基本的に日本語で行われています。もう一つの極にインターナショナルスクールを置いてみます。授業は基本的に英語で行われます。そして私どもDIA初等部は……その中間点に位置します。ですから授業言

スライド3

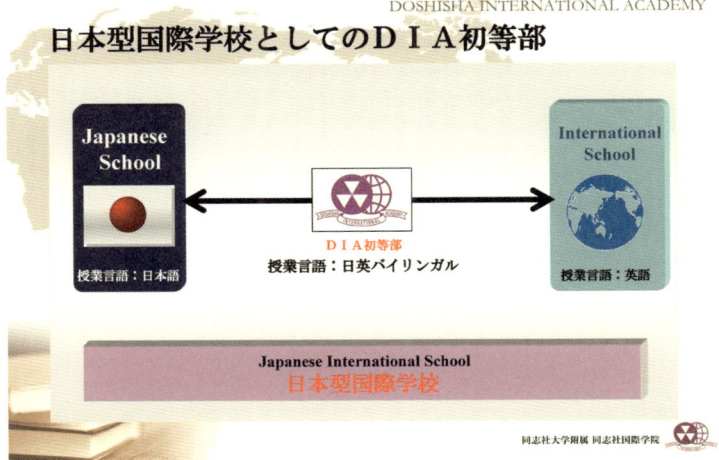

語は日英バイリンガルとなります。日本の学校Japanese Schoolの教育のよさと、インターナショナルスクールの教育のよさを重層的に融合し、可能な限りインターナショナルスクールの教育内容を取り込んでいき、これまでになかった国際的な教育を展開していく、私どもはそれを日本型国際学校（Japanese International School）と位置づけています。それがDIA初等部です。

　それでは次にDIAのモットーについてお話しをします。【スライド4】

　「Learning for Life, Learning for the World, Learning for Love」（人生のための学び、世界のための学び、愛のための学び）。

　これがDIAのモットーです。

　このモットーにつきまして二つのことをお伝えしたいと思います。

スライド4

一点目はこのモットーが同志社教育の三つの教育理念、即ち自由主義・国際主義そしてキリスト教主義に基づき考案されたということです。私ども DIA は言うまでもなく、同志社教育の一端を担うものです。同志社教育の三つの教育理念に基づき開校される学校だということをはっきりとお伝えしたいと思います。

　二点目ですが、「Learning for the World」と「Learning for Love」の二つはどちらかと言うとわかりやすいと思います。しかし最初の「Learning for life」は少し難しいかもしれません。「Learning for life」、これは自由の基盤たる確固たる個を形成するために、生涯にわたって学び続けていくこと、を意味しています。

　私は本来学びというものはそのようなものだと考えています。しかし、日本という国では、学びが「Learning for life」人生のための学びではなく「Learning for Examination」試験のための学びになってしまっているところがある、試験が終わったらすべて忘れてしまう、試験が終わったらその役目を終えてしまう学びが本当の学びと言えるのだろうか。それは私の一教育者としての原点になっている問題意識です。ですから、私は、DIA での学びは、決して「Learning for Examination」ではなく、それは「Learning for life」、人生のための学びなのだ、ということをモットーに掲げることにしました。

### DIA 初等部の日英バイリンガル教育

　さて、「Learning for Life, Learning for the World, Learning for Love」というモットーを掲げた DIA 初等部は、このモットーの下で、具体的にはどのような教育を展開するか。そのことをお話

スライド5

しします。

　まず日英バイリンガル教育です。【スライド5】

　本日お見えの皆様方もこのDIA初等部の日英バイリンガル教育には強い関心を持ってくださっているように思います。皆様ご存じのように、DIA初等部が開校します2011年は学習指導要領の改訂で、日本中の小学校5年生6年生で英語が必修になる年にあたります。その流れの中、既にDIA初等部の英語カリキュラムには児童英語関係者等から強い関心が寄せられています。これからお話しします DIA 初等部の英語教育は間違いなく日本の児童英語教育のモデルとなり、日本の児童教育をリードしていくものになると考えています。

　DIA初等部の日英バイリンガル教育における目標は「バランスのとれた日英バイリンガル、バイリテレート児童の育成」にあり

# 第 1 章　Learning for Life, Learning for the World, Learning for Love

ます。リテレートとは、リテラシーということばはご存じだと思いますが、簡単に申し上げれば基本的な「よみかき計算」のことで、即ち小学校レベルの基本的な読み書きそろばんは日英で出来るようになる、ということです。

　その目標を達成するため、文部科学省から「教育課程特例校」の認可を受け、6年間の授業の55％を英語で、45％を日本語で実施出来ることになっています。このような学校ですから日本語と英語が飛び交う校内文化、言語状況になります。本日の説明会の進行役のカルメン・タマシが日英両語で司会を務めさせていただいておりますのも、DIAの学校文化を実感していただくためです。

　国内児童、英語がゼロで入学したお子様の場合のことを少しお話いたします。外国語習得に関しては、少し専門的になりますが、「生活言語」と「学習言語」という分け方があります。「生活言語」とは hello とか my name is ……とかそういった感じのコミュニケーションを成り立たせているレベルとお考えいただければよいでしょう。「混ぜてくれる？　May I join?」といった「生活言語」で子ども達は仲良く遊んでいたりしますが、その言語レベルでは教室での勉強はまだ難しいと考えられています。教室での勉強が出来る状態の言語を「学習言語」と言います。DIA初等部に英語ゼロの状態で入学したお子様も、6年間のDIA初等部の英語教育で、「生活言語」のレベルを超え、「学習言語」のレベルまで力をつけることを目標にします。

　DIA初等部入学時点で一定英語の力があるお子様の場合、例えば海外から帰国された場合ですと基本的に日本の社会で日本語環境に包まれる中で、せっかく身につけた英語力が落ちてしまうこ

とが一般的ですが、DIA初等部では入学後既に持っていた英語力が更に伸びるカリキュラムを提供して参ります。

　DIA初等部の英語教育の一端をご紹介しますと、DIA初等部では「Joint Learning」と呼ばれる授業があります。具体的には音楽・図画工作・体育といった実技系の3教科ですが、この3教科は英語を授業言語とし、そしてDISKの同学年の児童と一緒に学びます。先生方は世界各国から採用します。

　また「TIE」と名づけられた「英語」の授業が6年間で1934時間あります。この「TIE」については次回以降の説明会でその内容を丁寧にご説明申し上げます。

　さてここで「なぜ英語を学ぶのでしょうか」という、原点的な問いかけを皆様に投げかけたいと思います。

　「なぜ英語を学ぶのでしょうか」

　DIAはこのように考えます。

　「世界の一人でも多くの人に対する良心の発現のために」【スライド6】

　同志社教育は良心教育です。良心、良い心をもって生きていく人になって欲しい。その良心、良い心をひとりでも多くの人に伝えるため、英語の力をつけていれば、世界中のひとりでも多くの人に良心、良い心を示すことが出来るし、ひとりでも多くの人の役に立つことが出来る、力になることが出来る。そのために英語を学ぶ。英語を自分のことばにしていく。

　それがDIAの答えです。

　同志社教育は良心教育です。校祖新島襄の「良心の全身に充満したる丈夫（ますらお）の起り来（きた）らん事を」ということばが今もしっかりと息づいているのが同志社です。

第 1 章　Learning for Life, Learning for the World, Learning for Love

スライド 6

　私は DIA 初等部で良心教育の具現化としての英語教育をリードして参ります。

## グローバル 30

　さて冒頭にお話させていただきましたように DIA は同志社大学附属の形で運営されます。DIA は同志社大学の国際主義の大きな流れの中に開校されます。

　現在同志社大学はグローバル 30（以下 G30）という日本の高等教育の国際化を担う大学としての取り組みを展開しております。本日、その G30 を推進しております同志社大学の国際化推進室のホワイト・ブルース先生より私ども DIA にメッセージをいただきました。今日の説明会の最後に、そのメッセージをいただきたいと思います。ホワイト先生のメッセージは英語になりま

すが、スクリーンにはその日本語訳が映し出されますのでご覧ください。それではホワイト先生をご紹介いたします。

I would like to introduce Dr. White who is working for Global 30 project in Doshisha University.

（ホワイト・ブルース先生スピーチ）

Here, at Doshisha, in order to make the ideals of its founder, Joseph Neesima, come true, we have constantly upheld one of his educational principles: internationalism. Global 30 was modeled after this educational principle and represents a project imbued with a progressive spirit, whose purpose is to nurture international citizens who act "as their conscience dictates".

同志社大学は創立者新島襄の建学の精神を実現するため、教育理念の一つに「国際主義」を掲げてきました。G30はこの教育理念の内実に則り、進取の気風に溢れ、「良心に従って」行動する国際人の輩出を目的とするものです。

Through this Global 30 project we hope to further the development of Doshisha University and, by carefully considering the true essence of internationalism in contemporary society, to establish a basis of research into international education that will contribute to solving global issues and emphasizing respect for an internationally diverse knowledge and spirit.

同志社大学はG30の取り組みを通し、「国際主義」の更なる現代的実質化を図り、同志社大学を、知と精神の国際的多様性を尊重

第 1 章　Learning for Life, Learning for the World, Learning for Love　13

し、global issues の解明・解決に貢献する国際的教育研究拠点へと発展させようと考えています。

Today we are here to talk about Doshisha International Academy, which plays a vital role in supporting the foundation of this new project of internationalism as it affects all aspects of Doshisha University.

G30 を中心として展開される同志社大学の「国際主義」の全学的な取り組みの中に、今日、皆様方にご紹介しています同志社国際学院が、取り組みの基礎を支える重要な役割を持っているということを皆様にお伝えしたいと思います。

The birth of Doshisha International Academy represents a huge contribution to the internationalization of the educational institution that is Doshisha. It is with great interest and hope that we look to the years to come, when children who graduate from Doshisha International Academy continue their education at Doshisha University, becoming young people on whose shoulders rest the responsibility of upholding internationalism not only at Doshisha, but across Japan and the wider world!.

今回の同志社国際学院の誕生が、同志社全体の「国際化」に大きく寄与するものであり、また、そこで初等教育を受けた子ども達が、何年かの後、同志社大学で学び、同志社の国際主義の担い手となり、また、日本全体の国際化を牽引するたくましい若者となってくれることを心から楽しみにしています。

Allow me to present my best wishes to Doshisha International Academy and hope that it will become a great success.

同志社国際学院の誕生を心から祝福します。


　ホワイト先生、温かなメッセージをどうもありがとうございました。

Thank you very much Dr.White, I am very honored to have a message from you. Thank you very much


　さてわたくしの本日のお話しも終わりに近づいて参りました。

　今回は第一回の説明会ということで概括的なお話しを中心にさせていただきました。次回以降は教育内容について少しずつ細かくお伝えできればと思っています。

　今日は桜の美しく咲く春の日に、皆様とこうしてお会いすることが出来ました。

　次回はあやめの花の美しい頃にまた、お会いできることを楽しみにしております。

　私どもDIA初等部に、引き続きご関心をお寄せいただけますなら光栄に存じます。


　ありがとうございました。

Thank you very much.　　God bless you.


(於同志社大学寒梅館ハーディーホール)

# 第 2 章　DIA 初等部で英語を学ぶ

**日英バイリンガルスクールとして**

　DIA 初等部という新しい学校に興味をお持ちの保護者の方の多くが「日英バイリンガルスクールとしての DIA 初等部」に関心を寄せてくださっています。

　「DIA 初等部に入学したら我が子はどのくらい英語が出来るようになるのだろう」

　DIA 初等部は日英バイリンガルスクールです。早くから文部科学省に提出していた「教育課程特例校」の申請は、開校の 1 年 7 ヶ月前の 2009 年 8 月に受諾され、DIA 設置準備室では 6 年間の授業全体の 55％を英語で、45％を日本語で行う日英バイリンガルスクールとしてのカリキュラム編成に本格的に取りかかりました。

　ここでまず最初に注意していただきたいことは、DIA 初等部は日英バイリンガルスクールであり、「国語以外の教科をすべて英語で勉強する学校」ではないということです。「国語以外の教科をすべて英語で勉強する学校」は、日本では「イマージョン教育を実施している学校」と呼ばれていたりします。日本国内にいくつかそのような学校があります。

　しかし DIA 初等部は、それらの学校とは異なります。「イマージョン教育を実施している学校」が、英語に極端に傾斜したカリキュラムを実施しているのに対して、DIA 初等部は、英語だけで

はなく、日本語も大切にする、という点で大きく異なります。

**母語形成の重要性**

　私が、英語だけではなく、日本語も大切にする、という方向性を打ち出したのには明確な根拠があります。

　私の周りには多くの日英バイリンガルの子ども達がいます。そのほとんどが所謂帰国生徒と呼ばれる子ども達です。彼らの日英の言葉の力は非常に優れています。但しその中でも日英二つの言語で深い思索が可能であり、高いレベルでの表現力（文学的とか哲学的とか言ったらよいでしょうか）を持つ子どもの数は、実は限られています。それはその子どもがたまたま持ち合わせていた豊かな潜在的能力の産物であり、カリキュラムで生み出される教育的成果を越えた生産物です。そのようなケースを目標とか、可能的モデル、と考えるのは大きな間違いと言えます。

　言語の教育で、とりわけ初等教育段階で大切なのは、母語の確立、です。二つ、あるいはそれ以上の言語を母語のレベルで運用できるケースはあくまで例外と考え、カリキュラムとしては「ある一つの言語」を母語として形成することが、初等教育の責務です。

　カナダの言語学者のカミングが言うところの Basic Interpersonal Communication Skills（生活言語 BICS）と Cognitive Academic Language Proficiency（学習言語 CALP）は、DIA 初等部がその日英バイリンガル教育を実践するにあたっての一つの理論的根拠としているものですが、私は更に CALP より高次の言語レベル、深い哲学的思惟を可能にする、あるいは豊かな文学的表現を可能にする言語レベル（仮に Language Proficiency for Philosophical

Thinking「哲学思惟言語」と名称できるかもしれないもの）といったものが想定されるようにも思うのですが、そのようなレベルの言語は、やはり多くの人の場合、一つの言語になるように思います。

　DIA初等部の日英バイリンガル教育は、母語となる言語を確かなものとすることを大前提として、そこに二つ目の言語の能力を付与していきます。DIA初等部の場合、基本的にその母語となる言語を日本語とします。日本語での自己形成を実現し、日本語によって形成される自尊感情を保障し、その上で英語での基本的リテラシーを身につけていく。日本をベースに世界と協同的に生きていく場合はその形が基本となるのがよいと考えるのです。

　もし英語をベースにしての自己形成そして将来の世界への展開を望むなら、インターナショナルスクールであるDISK（Doshisha International School, Kyoto 同志社国際学院国際部）がそのような生徒を引き受け、彼らの未来をしっかりとバックアップしていくことになるでしょう。

　日本語に取り囲まれる日本という環境の中で、イマージョンという人工的な環境を作り、英語でのみ学力を形成していくことは、あまりに人為的で、不自然で、無理のあることです。海外で、英語に取り囲まれながら、英語で学力形成していくのとは本質的な、決定的な違いがあります。

　日本語を母語として形成しながら、英語での基本的リテラシーを身につける、学習言語レベルの英語を獲得する。母語基盤型バイリンガル教育。

　それがDIA初等部の日英バイリンガル教育です。

## 国内の状況──小学校での英語必修化を目前にして

　DIA 初等部が開校する 2011 年は学習指導要領の改訂で、日本中の小学校 5 年生 6 年生で英語が必修になる年にあたります。全国約 22000 校の小学校全てで児童英語教育が行われるようになります。

　児童英語教育についてはかなり前から盛んに議論が行われています。極めて単純化して言うなら、当たり前のことですが賛成派と反対派がやり合っているのです。賛成派は主に語学の習得は早いほうがよい、ということと、これからの世界における英語の重要性・優位性などを論拠にしています。反対派の主張はとてもわかりやすく、英語よりまず日本語をちゃんと学ぶべき、とこの一点だと言ってよいでしょう。

　それぞれの派に著名な論客がいて様々な著作があり、講演会があり、現場での取り組みがあります。

　そして、結局どのような議論がどのような方々によって行われたのか、日本中の小学校 5 年生 6 年生で英語が必修になり、2011 年 4 月から全国の小学校全てで児童英語教育が始まります。

　2009 年 10 月の末の、京都の街に吹く風に二つの季節が混ざり合っていた頃に、市内の某大学で児童英語教育に関する教育フォーラムが開催され、DIA の設置準備オフィスのスタッフと参加したことがありました。

　そのフォーラムには文部科学省から一担当官が招かれていて、その方が講演をし、また、パネラーも務めていました。小学校英語教育推進の旗振り役として活躍している方のようでした。かつてのゆとり教育の旗振り役の寺脇研氏のように。

　前半の講演は「2011 年から、毎週 1 時間、年間 35 時間、2 年

間で70時間、全ての学校できちんとやっていただきます」とかなりに官僚的口調でのお話しがあったのですが、後半のパネルディスカッションで様相は一変しました。「なにをやっていいかわからない」「試行段階で既に大量の英語嫌いを生んでいる」といった現場の先生方の非難と困惑と怒りの声がフロアーから次々とあがり、その担当官が「私は子ども達の可能性を信じて……こんなはずじゃなかった」と声を詰まらせてしまったのでした。

　そのような大混乱の様相を呈しながらスタートする2011年からの全国の小学校英語教育です。DIA初等部の「英語の授業」（TIE　後述）の授業数は6年間で1900時間以上あり、2年間で70時間の授業が実施される日本の学校の児童英語とは、ある意味世界が違いすぎますが、それでもDIA初等部の英語教育が、そのコンセプトと具体的手法とが、スタート前に既に混乱している日本の児童英語教育に対して、何かのヒントになればという思いは強くあります。

### DIA初等部の英語教育

　DIA初等部の英語教育を、私は「TIE」と名付けました。深い思いを込めて。

　TIEはTime in English（英語の時間）の略です。そしてtieという英単語は「絆」という意味です。世界言語である英語を言語として獲得することにより、世界の様々な人々と結ばれる。世界の人々との「絆」がそこに生まれる。

　TIEの授業を実施するためにTIE棟という特別の建物を建てることにしました。DIAの校舎は日本を代表する建築家の一人である高松伸氏によって設計されています。DIAのプロジェクトが決

定した早い時期から、高松氏と私の共同作業が始まりました。私がDIAで展開したい教育について高松氏にお話しをし、氏がそれを建物として形にしてくださる、といった形で。毎朝の礼拝の行われる礼拝堂、学園の中央に置かれる学びの中心の場所となる日英バイリンガルライブラリー、絆ホールと名付けられた大きな交流ホール、カウンセラー室と保健室が合体したスチューデント・ケア・センター等、数え上げ始めたらきりがないくらいたくさんの私の思いを、高松氏が形にしてくださいました。

　そしてTIE棟もその中の一つです。

　TIE棟はDIA初等部の学びの心臓部、心の臓の赤を、その色としています。

　TIEの授業は日英バイリンガル・バイリテレート児童の育成を目指し、「英語『を』学ぶ」授業ではなく「英語『で』学ぶ」授業、Learn EnglishではなくLearn in Englishの授業を行います。

　目標は、前に述べましたように生活言語のレベルを越え、学習言語と呼ばれるレベルの英語力を獲得するところに設定しています。即ち小学校レベルの基本的な読み書き算数は、日英両語で出来るレベルになるということです。

　DIA初等部では、一部前述の「イマージョン教育」の手法を取り入れ、子ども達が「未知」の内容を英語で学ぶこともありますが、既に日本語で学んでいる内容、即ち「既知」の内容を改めて英語で学ぶ、という手法もあわせて採用し、その「未知」と「既知」を理想的な割合で融合することにより、「基礎的な学力形成を保証しながら　英語力をも伸ばしていく」という学習方法を採用します。

　「既知」学習と「未知」学習は教科の特性や難易度、学年進行、

そして子ども達の発達段階等を考慮しながら組み立てられていきます。そのようにしてDIA初等部で子ども達は「英語を学ぶ」のではなく「英語で学んで」いくのです。

「既知」学習では、日本語での学習を英語での学習に活用させて、英語でのリテラシーを獲得していきます。「未知」学習では、日本語で学んだそれに近い学習領域の引き出しを開け、想像力をもって、英語での学習内容を獲得していきます。即ち、既知の内容をベースに想像力的アプローチという方法を駆使して、未知の学習内容を英語で学んでいくことになります。その時、想像的アプローチを可能にするテクニカルターム、術語は英語によって予め与えられていくことになります。

**日本人の英語**

発音について最後に触れておきます。

DIA初等部では子ども達がネイティブのような英語を話すようになることを目標にはしていません。といっても、子ども達の年齢から、自然に相当ネイティブに近い発音を身につけることにはなるとは思いますが、それでも、そのことは目標ではない、と敢えて言っておきます。

国連では「Three Quarter English」という言い方があるそうです。100％パーフェクトな英語を話さなくても75％の英語でよい、ということです。これは随分示唆的な言い方であると思います。英語が世界言語的な役割を果たしている世界の今日的状況の中で、身につけ、使用し、コミュニケーションをとるのは75％の英語でよい、世界の人は英語ネイティブになる必要はない、75％の英語でよいのだ、ということを言っているからです。

そのことを発音の問題に引きつけて考えると、日本人には日本人の発音があってよい、ということになるでしょう。私自身、たくさんの英語と出会ってきました。ネイティブでもイギリス英語・アメリカ英語・オーストラリア英語等々、その違いは誰でも知っていることですし、イギリス英語一つを取ってみても様々な方言（イギリス固有の階級方言も含め）があります。アジアの人の英語、例えば Singlish と呼ばれるシンガポールの英語はすぐに分かりますし、中国の人の英語、韓国の人の英語、それぞれ特徴があります。現在の国連の事務総長の潘　基文氏の英語も韓国の英語だなぁと思います。勿論流暢ということでは間違いなく流暢な英語ですが、やはり韓国の英語だと思うのです。

　DIA初等部の子ども達の英語は、おそらくはその年齢から、相当ネイティブに近い発音を身につけていくでしょう。しかし私はそのこと自体は目標にはしないつもりです。それはあくまでDIA初等部の英語教育のカリキュラムにとっておまけ程度に考えていくつもりです。なぜならまず大切なのは「英語は……でなくてはならない」という精神的な桎梏から解放されることだからです。

　私たちの国では、あたかも民族的DNAに組み込まれているかのように、英語に対しての強迫観念・コンプレックスが存在しています。まずそこから解放されることが、あらゆる年齢における英語教育の出発点になるべきであると、私は考えています。

「ネイティブのような発音でなければならない」

「文法的に完璧でなくてはならない」

　そんなことはないのです。それらの精神的プレッシャーから解放され、日本的な発音でもいいのです、多少文法的に間違っていてもいいのです、まずは自分たちの英語に誇りをもつこと、その

意識形成こそが、英語学習の基礎になくてはなりません。DIA初等部の英語教育が発音や文法を軽視するという意味では決してありません。あくまで「考え方」として、囚われからの解放を、基礎に置くということなのです。

もし日本的な英語でのコミュニケーションを低く見るような英語話者があるなら、それは英語話者の傲慢さと横柄さです。英語話者にそのような姿勢が見えても怯（ひる）んではいけません。堂々と誇りを持って自分の英語を話す態度が大切です。

前に少し触れました日本の小学校での2011年の英語教育の開始も、現場の先生方がまず民族的DNAに組み込まれた英語コンプレックスから解放されることにより、問題解決への道が開かれるように思います。現場の先生方がこれまで日本語で実践してきた教育内容は、根底のところで英語教育に繋がっているという認識さえ持てれば道は開けると、私は考えています。

DIA初等部の英語教育は「良心教育の発現」という同志社教育としての目標を持っています。良心を伝えるための世界の人々とのコミュニケーション。それを可能にする英語教育をDIA初等部では実践していきます。

同志社は同志社英学校から始まりました。その同志社が、21世紀の日本の児童英語教育を牽引する日は目の前です。

（『同志社時報　第130号』所収）

# 第3章　日本語でIBをやる
　　　　（DIA 初等部の日本語教育）

**国際バカロレア（IB）とは？**

　この章ではまず国際バカロレア（International Baccalaureate 略称 IB）についてお話しましょう。

　国際バカロレア＝IB とは、世界各国に設置されているインターナショナルスクールの間で、共通のカリキュラムを開発、実施し、そのカリキュラムを習得した者に対して、国際的に認定された大学入学資格を与えようとして始まった制度です。

　1960 年代頃からジュネーヴ、パリ、ロンドン等の国際都市を中心に、多くのインターナショナルスクールが誕生するようになり自国の学校制度から離れてこれらの学校で学ぶ生徒の数が増えるに従って、そのような生徒たちに大学への進学を保障するためのシステムが必要になってきました。

　1963 年、カリキュラム編成と資格試験の実施を検討するために、ジュネーヴにスイス民法に基づいた法人として「国際学校試験委員会＝ International Schools Examination Syndicate」が設立されました。今日の「国際バカロレア機構＝ IBO」の前身です。この委員会は、1967 年にパリ郊外のインターナショナルスクールで開かれた国際会議において「英仏 2 ヶ国語によるカリキュラムとシラバス案及びそれに基づく試験の問題例」を諮りました。この会議にはイギリス、フランスの代表のほかに、ベルギー、ブルガリア、カメルーン、インド、ポーランド、スウェーデンなど

の国も参加し（その他にユネスコ、欧州会議〔Council of Europe〕からのオブザーバー、フランスのバカロレア事務局、イギリスのオックスフォード・ケンブリッジ大学入試委員会、アメリカのカレッジボードの担当者といったメンバーも出席していました）、ここでインターナショナルスクールのための新しいカリキュラムを試験的に試行していくことが決定されたのです。これが中等教育最後の2年間（高校2年生3年生＝11年生12年生）のコースであるDiploma Programme（以下DP）のスタートです。その後、IBOは21世紀財団、フォード財団などからプログラム開発の支援を受けながら、1992年に11歳から16歳までの子ども達のためのMiddle Years Programme（以下MYP）を、続いて1997年には3歳から12歳までの子ども達のためのPrimary Years Programme（以下PYP）を開始しました。この段階でIBOは幼稚園から高校までの連続性をもった教育プログラムを提供する世界で唯一の民間教育機関となったのです。

　2010年6月現在、世界の139カ国、2980校の学校がIBカリキュラムを利用し、その参加生徒数は794000人に達しています。

　IBの「ミッション（使命）」とは次のようなものです。

**【IBO 使命宣言】**
　国際バカロレア機構の目的は、異文化の理解と尊重を通じて、よりよい、より平和な世界の構築に貢献できる、向学心と知性に富んだ、思いやりのある若者を育むことにある。

　この目的を達成するために、IBOは世界各地の学校、政府、国際機

関と協力しながら、国際教育と厳密な評価体系を実現できる教育プログラムの確立という意欲的な課題に取り組む。

　IBO が提唱するプログラムは、世界各地の生徒たちに、生涯にわたって、積極的に、思いやりの心をもちながら学びつづけ、自分と違う考え方をする人々も正しいことがあると理解できる人になるよう働きかけるものである。

　そして IB がその使命宣言同様、PYP/MYP/DP の三つのプログラムに共通する重要事項として掲げているのが「IB Learner Profile（IB を学ぶ人の人間像）」です。それは

Inquirers　Knowledgeable　Thinkers　Communicators　Principled　Open-minded　Caring　Risk-takers　Balanced　Reflective

という10の像です。日本語にすると

探究する人　　知識のある人　　考える人　　コミュニケーションできる人　　正義感のある人　　心を開く人　　思いやりのある人　　挑戦する人　　バランスのとれた人　　振り返ることができる人

という風になります。（IBO の公式日本語訳です。但し公式訳では「探求する人」となっていますが、私は「探究する人」としています。）

IBカリキュラムは、前に書きました成立の経緯から分かるように、初めは中等教育と大学をつなぐ部分のDPから発達したものです。目標として「高度の学習意欲の高い16歳から19歳の青年に、厳しい評価に裏打ちされた総合的でバランスの取れたカリキュラムを提供し、生徒がクラスでの経験を外の世界の現実と関連付けられるようにする」ことを掲げています。

この原稿を書いている2010年7月のIBOのホームページでDPのページを開くと

Life in the 21st century, in an interconnected, globalized world, requires critical-thinking skills and a sense of international-mindedness, something that International Baccalaureate® (IB) Diploma Programme students come to know and understand.

(21世紀の国際間連携が進むグローバル世界では、批判的な思考法や国際的な事柄を理解できる感覚といった、IBのディプロマプログラムによって知ることが出来、理解することが出来る事柄が求められています。)

といった言葉が掲げられています。IBのその理念に対する誇りが感じられる一文です。

具体的にはDPでは6つの科目を履修しなくてはなりません。
* Group1　LanguageA1（言語A1）
* Group2　Second Language（第二言語）
* Group3　Individuals and societies（個人と社会）
* Group4　Experimental science（実験科学）
* Group5　Mathematics and computer science（数学とコンピュ

ーターサイエンス）
＊ Group6　The arts（芸術）
の6科目です。

　この6科目の構成を見て気づくことが二つあります。

　その一つは6科目の内2科目、即ち学習の3分の1が「言語」の学習であるということ、言語の重要性が強調されているカリキュラムであるということです。

　もう一つは、ここには日本では当たり前のように存在している「文系」「理系」という考え方がないということです。大学でどのようなことを学ぼうとも、高校段階では6つの科目をバランスよく学ぶことが求められています（但し6科目の内の3科目を2年間で240時間学ぶ「higher level」で学び、3科目を2年間で150時間学ぶ「standard level」で学びますから、例えば数学の得意な生徒はGroup5の「数学とコンピューターサイエンス」を「higher level」で学び、Group3の「個人と社会」を「standard level」にするといったことは出来ます。）

　更にDPでは「Theory of Knowledge（TOK；知識の理論）」、「Creativity, Action, Services（CAS；創造性・行動・奉仕活動）」、「Extend Essay（長論文）」が必修として課されています。「TOK」は2年間にわたって合計100時間（1時間＝60分）学ぶもので、知識そのものを、学ぶということそのものを、根源的に問い直すものです。「CAS」では文化活動、スポーツ、福祉活動等などの自らが選んだ活動を2年間にわたって実践します。「Extend Essay」は、生徒が学んだ6科目の中からひとつのテーマを選び、深く考察した論文のことです。

　DPの評価は、校内評価はわずか20％で、残りの評価は記述、

口述、論文などによる厳正かつ公平な外部評価によって行われます。試験は北半球では5月、南半球では11月に実施され、世界中に有資格試験官が配置されています。各科目は1点から7点までの評価が行われ、4点以上が合格点とされています。6科目合計で24点が最低合格点で、最高点は42点ということになりますが、更に「TOK」、「CAS」、「Extend Essay」の三つの領域で頑張った者には1点ずつのボーナス点が加算され、最高は45点となります。例えばオックスフォード大学でしたら38点から40点で、加えてhigher levelの教科の点が6点か7点を取っていると、そのまま入学が許されます。

**なぜIBか？**

　以上がIBについての説明でした。簡単にご紹介するつもりが少し長くなってしまいました。IBについては日本語で説明している本がいくつかあります。手前味噌になりますが中島章夫氏と私が共著の形で出しました『この国の未来を創る学校』はその中でも多くの方に役立ていただいているものの一つです。IBについての更なる詳細はそれらの本に譲るとします。

　さて次にIBがどのような点で優れているか、私見を述べておきたいと思います。そこからなぜDIA初等部が45％の日本語の部分でIBの初等教育プログラムであるPYPの採用を予定しているか、DISKでなぜPYP/MYP/DPの3プログラムを全て採用する予定でいるか、について理解していただければと思います。

　私は20年以上にわたって帰国生徒教育に携わってきました。出会った帰国生徒の数はゆうに1000名を越えるでしょう。帰国生徒の多くは、海外で語学力以外にも、様々な力をつけて帰国し

てきます。外国語を身につけるということは、その言語でもって行われている学習のスタイルといったものも同時に身につけることになるからと考えることができます。そんな彼らたち、彼女たちが身につけていたもの、例えばそれは物怖じせず自分の意見を表明する姿勢であったり、困った人がいたら自然に力を貸そうとする優しさであったり、絶えず新しい何かに貪欲に挑戦してみようとする意欲であったりするわけですが、それらのことをどのように言語化したらいいか、いつも悩んでいました。「帰国生徒の特徴は？」（その質問自体が正しい問いでないことは本書の第5章に書きます）という問いに「帰国生徒は積極的である」とか「プレゼン力に長けている」とかいった回答が平然と行われている場面などに立ち会うと、ああ、違うなぁ、と嘆息をついていたのでした。

　そしてある日、私はIBの「IB Learner Profile（IBを学ぶ人の人間像）」に出会ったのです。これだったんだ、と思いました。帰国生徒が海外で身につけてきたものをものの見事に言い表している。本章の最初に名称だけ示しました「IB Learner Profile」の具体的な内容は次のようになります。


Inquirers　　　　　　　　探究する人
　好奇心あふれ、探究と調査のためのスキルを身につけている。自主的に学ぶことができる。生涯にわたって学ぶことを積極的に楽しむことができる。

Knowledgeable　　　　　知識のある人
　地域や地球規模の重大な問題や事柄について、常に考えてい

る。広くバランスのとれた学問領域について理解と知識を深めている。

Thinkers　　　　　　考える人
　複雑な問題を認識し立ち向かうために、批判的かつ創造的に思考し、理性的で倫理的な決断を導き出せる。

Communicators　　　　コミュニケーションできる人
　様々な言語やコミュニケーションの手段を使って、考えや情報を理解し、自信を持って創造的に表現できる。まわりの人たちと進んで協力し合い、効果的にものごとに取り組むことができる。

Principled　　　　　　正義感のある人
　誠実かつ正直で、公平な考えと道義感を持ち、まわりの人々や地域社会を尊重して行動することができる。自分の行動とその結果に責任を持つことができる。

Open-minded　　　　　心をひらく人
　自分の歴史や文化を理解し、尊重し、他の人々や地域社会の持つ伝統、価値観、視点に心をひらくことができる。常に色々な人の意見に耳をかたむけ、検討し、それらの経験から成長しようとしている。

Caring　　　　　　　思いやりのある人
　ほかの人の気持ちや必要としていることに共感し、尊重し、慈愛を示すことができる。まわりの人々の生活や環境をよくするた

めに、個人的に関わり、積極的に行動し奉仕し続ける。

Risk-takers　　　　　　　挑戦する人

不慣れな状況や不確実性に、勇気と気構えを持って望むことができる。今までにない、方策、考え、役割を試そうとする自立的な精神を持っている。恐れず自分の信念を明言することができる。

Balanced　　　　　　　バランスのとれた人

自分とまわりの人々が幸せな生活をおくるためには、知・情・体がいずれも大切であることを理解している。

Reflective　　　　　　　振り返ることができる人

思慮深く自分自身の学習や経験を見つめ直すことができる。自分の学びや成長を支えるために長所と限界を理解し、評価することができる。

この10の人間像こそ、帰国生が海外で身につけてきたものに他なりません。そしてそれらは、これまでの記憶型の学び、競争型の学び、知識偏重型偏差値教育の中ではどうしても育たなかったものです。そしてそのことが日本人が世界の舞台で通用しなくなってきた、その問題の根源を成していると思えたのです。

ならば、日本で、この10の人間像をしっかりと育てる学校を作ろう。そう決意しました。世界に通用する日本人を生み出していく学校を作るのだ。

IB Learner ProfileはIBの3つのプログラム全体で共有される

前は「IB Students Profile」という名称でPYPにのみ適用されていました。しかし、その内容の秀逸性からIB全体のものにしようということになったのが2006年のことです。ですから私がIB Learner Profileに出会ったのはそう昔のことではありません。

このIB Learner ProfileはIBの三つのFundamental Conceptsに基づいて考案されています。それはHolistic learning（全人教育）とCommunication（コミュニケーション）とIntercultural awareness（文化際的意識）の三つです。これら三つのFundamental Conceptsは正に21世紀の教育テーマそのものと言ってよいでしょう。それを既に20世紀後半にFundamental ConceptsとしていたところにIBの先見性があると言えます。21世紀の世界状況、即ち世界のグローバル化といった現象そのものが、IBを生み出す必然性を持っていた世界ではすでに20世紀後半に当たり前のように存在しており、それがそのまま肥大化したのが21世紀の世界の全体構造であると言えるかもしれません。

PYPの「IB Students Profile」がIB全体の「IB Learner Profile」になった。ここで「Students」が「Learner」になっていることに気づきますか。それはどういうことでしょう。

これはとても大切な変化でした。即ち一番大切な目標が子ども達（Students）だけのものではなくLearnerのものになったのです。Learnerとは誰でしょう。それは子ども達であるのは言うまでもありませんが、先生方や保護者も入るのです。即ち子ども達だけでなく大人も一緒にこの目標を自分の目標にしていきましょうという風になったのです。

私はこれは素晴らしい考え方だと思います。ですからDIAではLearning Community（学びの共同体）という目標を掲げまし

た。パンフレットには次のように書きました。

同志社国際学院の願い　DIA　GOAL
＝ Learning Community の形成 ＝

THE DIA GOAL
BUILDING A LEARNING COMMUNITY

　私たちは同志社国際学院で学ぶこどもたちが、好奇心に基づく探究の心を持ち、自主的な学びを進めることのできる人として育ってくれることを願います。常に深く考え、また常に自らを振り返り、弛まず自己の成長を図る人に育ってくれることを願います。
　それはそのような人こそが、それぞれの未来において、一人の人間として誇りと自尊心を持って生き、生涯にわたって学ぶことを楽しむことができると考えるからです。

At DIA we hope to nurture children endowed with a spirit of curiosity, who like to inquire into the nature of things and who will become independent learners. We hope to nurture people who think beyond the surface and who ponder relentlessly over their own development. This comes from our belief that such people will live their futures with pride and self-respect, cherishing the joys of lifelong learning.

　私たちは同志社国際学院で学ぶこどもたちが、二つ以上の言語を身につけ、また言語だけではなく様々なコミュニケーションの

手段を使って自分の考えを伝えまた相手を理解しようとする人として育ってくれることを願います。自信を持って創造的に表現をし、失敗を怖がらず勇気をもって何事にも挑戦し、また正義や公平や平等のために行動できる人として育ってくれることを願います。

　それはそのような人こそが、広く豊かな知識を自分のため・社会のために役立たせ、調和ある世界の構築に貢献できると考えるからです。

At DIA we hope to educate children who speak more than one language, yet who rely not only on language, but also on other means of communicating with and understanding the others. We hope to educate children who express themselves in a creative manner, who are not afraid to make mistakes and who have the courage to try new things, human beings whose actions show their respect for justice, fairness and equality. This comes from our belief that such people will use their vast knowledge for themselves and for the society, thus contributing to the creation of a harmonious world.

　私たちは同志社国際学院で学ぶこどもたちが、自己の歴史や文化を理解し、尊重すると同時に自己と異なる地域社会の持つ伝統、価値観、視点に心をひらくことができる人として育つことを願います。思いやりに満ち、世界のあらゆる人々と結ばれる人として育つことを願います。

　それはそのような人こそが、この地球に生きる全ての人々が望みそして等しくその幸福を享受すべき愛と平和のために力を尽くす人となりうると考えるからです。

At DIA we hope to nurture children who, while understanding their own history and culture, respect and open their minds and hearts towards the traditions, values and perspectives of other communities. We hope to nurture children who are compassionate and who can establish friendship ties with people from all over the world. This comes from our belief that such people will make all the efforts for building a world based on love and peace, where all humans enjoy the same rights to hope and happiness.

　私たち同志社国際学院はこの目標が同志社国際学院に関係する全ての大人たちに同じく目標として共有されることを願います。私たちは同志社国際学院が"Learning Community"（学びの共同体）となることを目指します。

At DIA, we hope that this goal will be shared not only by our students, but also by all the adults connected to our school. Because it is our goal to build at DIA a "Learning Community".

　更に IB Learner Profile の優れている点は、その目標を学校生活全体の中で実現していくということです。

　日本では教科の学習としつけや人間性の教育が、別々に考えられているのが一般的だと思います。道徳の時間とか特別活動の時間、朝や帰りのホームルームタイム、清掃の時間、そして学校行事の時間等。学習指導要領にもそれぞれの時間の人間形成の面での目標が示されています。

　しかし、本当にそれらは教科学習とは別の領域で学ばれることでしょうか？

　私は人はそのように分化された存在だとは思いません。

算数の時間に人として育てる、例えばそのようなことが教室で行われるのが本当の教育だと考えます。高度な全人教育とはそのようなものです。

テストの点さえよければ先生は文句は言わない。これは近親殺人を犯した名門進学校に通う「優等生」が言った言葉で、私にとっては衝撃的な一言でした。

IBスクールでは学校生活全体、授業も含め、学校に流れる時間全体がIB Learner Profileに直接的な関係を持っています。

授業の計画を書くカリキュラムマップ（授業計画案）にも必ず「Learner Profile」の項目があり、その授業がどのLearner Profileを育てるものであるかを明示しています。

DIA初等部は「Learning for Love」、同志社の教育理念の一つ、キリスト教主義教育をもとに考案されたモットーを掲げています。DIA初等部は、モットーを決して言葉だけのものにはしません。子ども達を学園生活の全体で、その一こま一こまで、愛で包みます。幼子が暖かな毛布でくるまれるように。

「全体」で実現する。それがIBの考え方、そして「Learner Profile」が教える方法です。

**学びの変化**

IBの優れた点について、まず「Learner Profile」の話しから始めました。IBを理解するために必要な大切なお話しを続けましょう。

それは「学びの変化」ということです。

IBの学びは完全な「探究型学習」と言えます。

今、学びは変化しつつあります、学びが変化しなくてはならな

い時代になっているのです。これまでの「記憶型」の学びから「探究型」の学びに、学びは変化しなくてはなりません。21世紀を生きる子ども達にとって必要な学力を測定した Program for International Student Assessment（PISA）で上位になった国々で記憶型の学びをやっている国はひとつもありません。それらの国々では知識の『量』を問う学びは行われていないのです。なぜならそのような学びは既に21世紀には有効ではないからです。

いつまでもたっても記憶中心・暗記中心、記憶型の学びを続けている日本はこのままでは教育後進国になってしまいます。受験学力だけが極端に重要視される教育を続けているので、日本を代表する東大でさえ国際的にはあまり評価されていない、という現実があります。

先生が黒板に向かい、チョークで板書し、子ども達はそれをノートに写し、そして記憶していく、そのような教育スタイルは今や教育先進国ではお蔵入りしているとまで言われているようです。今、「探究型の学び」、知識の量ではなく、知識の質を問う学びが求められています。

IBの学習は出発の当初から「探究型の学び」を基本のスタイルとしています。欧米の学習スタイルをベースとするIBですから、それはある意味自然のことなのですが、日本の教育にとっては、IBの「探究型の学び」の持つ意味はとても大きなものがあるのです。

更に今、もう一つの学びの変化について考えなければなりません。それは「競争型の学び」から「協同型の学び」への変化です。競争原理に基づき、その極めつきとも言える受験競争に子ども達を駆り立て、そのことで学習のモチベーション、勉強の意

欲、やる気をかき立てる、これまであったそのような手法から、共に学び合うことにより、学びの喜びと学びの成果を生み出す手法に転換していくこと、それは人々の共生、という21世紀の世界的テーマから導き出される大切な価値観でありますし、教育観でもあります。人に勝つための教育ではなく、人と共に生きるための教育。競争全般を一概に否定するわけではありませんが、根本の考え方として、協同型の学び、が今、始まらなければなりません。

　この「協同型の学び」も、IBが推進しているものに他なりません。IBが正に21世紀の学びを実施していることがよく分かります。

　私はこの「探究型の学び」「協同型の学び」という二つの学びの変化を理解いただかないとDIA初等部の教育については、その本質が見えてこないと説明しています。これまでの、普通の日本の学校を見る目でDIA初等部を見ていたら一番大切なことを見おとしてしまう。皆さんにはこれまで皆さんにこびりついていた価値観、教育観といったものを一旦そぎ落としていただき、全く新しい目、新しい教育観からDIA初等部を見ていただいたときに、初めてDIA初等部のやろうとしている教育の本当の意味と価値がはっきりと見えてくるはずですと。

　IBはこのように「教育内容」「教育手法」において、21世紀的意味合いを深く持った優れたカリキュラムなのですが、私は更に二つの点でIBの卓越性を見ています。

　その一つは「評価」というポイントです。IBでは「カリキュラム」は三つあるとされています。その一つは「the written curriculum（学習内容）」、もう一つは「the taught curriculum

（教授法）」、そして三つ目が「the assessed curriculum（評価法）」です。IBではこの三つのカリキュラムが、正に三位一体となって結びついています。

　以前ある公立学校を見学し、校長先生からその学校の所謂看板になっているある授業のお話しを伺いました。総合学習系の授業でしたが、校長先生のお話を伺っている限りは、理念的にも内容的にもとても素晴らしいものに思えました。ところが、実際にその授業が行われている教室に入ってがっかりしてしまいました。授業としては全く成立しておらず、退屈そうな、そしてそれ故にざわざわしている子ども達がいただけでした。

　これなどは「the written curriculum（学習内容）」はそれなりにしっかりしていたが「the taught curriculum（教授法）」が全く準備できていない例になるでしょう。

　また、特に私は「the assessed curriculum（評価法）」の部分に注目しています。日本の「評価」が偏差値であったり、結局入試に合格すればよい、といったゴールしかないのに対して、IBの評価ははっきりと「生涯にわたっての学び手」となるための評価方法を持っているからです。

　IBが卓越している点をもう一つ上げます。それは「教員研修」です。IBの授業を担当するためにはIBOの主催するワークショップへの参加が義務づけられています。それらは英語で行われますので、日本の学校の先生方が参加するのは難しいですが、本当によい内容のワークショップです。

　このような校外での研修に加え、IBを実施していくためには校内での教員の結ぶつきも密にしていかなければなりません。教科ごとの連携がIBにとってはとても重要だからです。学校の先

生方は、どちらかというと自分だけで動きがちな教員文化を持っていますが、IBはそのような教員集団が、否応なく協力して歩まなければならない状態に持っていっている。

具体的にはPYPのunit of inquiry（探究の単元）、MYPのarea of interaction（教科を結ぶ領域）、そしてDPのTOKでは教員が結びついていかなければ、それらは基本的にうまく立ち行かないようになっています。

以上見てきたようなIBの卓越性を鑑み、DIAとしてインターナショナルスクールであるDISKでは1年生から12年生までの全学年を通しPYP/MYP/DPのIBの3プログラムを採用することにし、用意の出来次第IBOに申請を出す予定です。そしてDIA初等部でも45％の日本語の部分についてPYPを実施する予定です。

PYPは正確に言うとカリキュラムではありません。IBOの表現を借りると、それはカリキュラムではなく「フレームワーク」ということになります。PYPのフレームワークの中で、初等教育の学びを組み立てていく、ということです。DIA初等部では、日本の学習指導要領の内容をPYPのフレームワークで再構築していくのです。そしてPYPのフレームワークとは、具体的に、以下の6つのテーマで、学習を再構築していくことを意味します。

* Who we are　わたしたちは何なのか
* Where we are in place and time　わたしたちはどのような時代、場所に生きているのか
* How we express ourselves　わたしたちはどうやって自分を表

現するか
* How the world works　世界のしくみ（どううごいているか）
* How we organize ourselves　わたしたちは自分たちをどう組織しているのか（社会の構造）
* Sharing the planet　地球を共有すること

（日本語訳：大阪インターナショナルスクール日本語科大迫奈佳江教諭）

　これらの６つのテーマによって、国語の、社会の、理科の、算数の学びをつなげながら再構築していく、それがPYPということになります。

　初等教育の本質は各教科の学びが繋がっていることにあります。それ故に中高と違い、一人の先生がいろいろな教科を教えるわけです。PYPでは「探究の単元」の６つのテーマで、各教科の学びをつなげていき、教科のつながりを、そのテーマの中でいっそう明確にしていくのです。それは「学び」というものが、一つ一つ分断され、個別に存在するのではなく、ひとつの「全体」を構成することを意味しています。学びが一つの全体になった時、その学びは一人の人間にとっての生き方に通じる、深い学びになっていきます。そのような学びの基礎を、DIA初等部では、子ども達にしっかりと根付かせたいと願い、PYPを採用します。

　学びが「個別」ではなく「全体」になった時、それぞれ個別の教科の学びそのものも実はより深いものになっていきます。具体的には算数の力は、算数という教科を個別に学ぶより、他の教科との関連の中で学んだときの方が、子ども達の算数の学習へのモチベーション、意欲も高まり、算数の学力自体が強くなるのです。

そもそも本来的に結びついていた小学校教育での各教科を「探究の単元」で結びつけた PYP は非常に優れた初等教育カリキュラムになりました。教科が個別に存在する中学校教育を area of interaction でつなごうとする MYP というプログラムが完成という領域に達するにはあと少し時間がかかるように思えるのに比し（それゆえに DISK ではまず PYP と DP から始め、MYP の開始は多少遅らせる予定です）、PYP は既に完成に域に達していると評価できます。

　PYP の探究の単元は、具体的な「探究の方法」を示します。IB ではそれを Concepts と呼んでいます。

　Concepts は次の八つのものがあります。
* Form　それはどのようなものか
* Function　それはどうなっているのか、どうやって動くのか
* Causation　それはどうしてそうなっているのか
* Change　それはどのように変わってきているのか
* Connection　それはほかのもの（こと）とどういうつながりがあるのか
* Perspective　どういう考え方（ものの見方）をしているのか
* Responsibility　わたしたちがしなければならないことは何か
* Reflection　どうしたらわかるのか

（日本語訳　大迫奈佳江）


　日本の学校教育では、さあ、自由に考えてみましょう、とか、考えたことを自由に書いてみましょう、とか、自分の思ったことを自由に言ってみてください、とかいった指導がごく自然に行われています。しかし、私にとっては、そのような指導は、子ども

達に対して責任ある指導をおこなっているとはどうしても見えません。大変無責任な指導、先生が楽をしているだけの指導だと思います。なにをどうやって考えるか、どこから考えるか、どこまで考えるか、といったことについての具体的な指導なしで、どうやって子ども達は「考えるということ」「探究するということ」ができるようになるでしょうか。

　PYPでは考える具体的な方法を子ども達に示しているのです。DIA初等部の探究型の学習もこのような形で進んでいきます。

　探究型の学習を実施すると言うと、必ずのように出てくる指摘があります。

　それは系統的基礎学習と探究型学習との関係です。

　日本では「探究型学習をしていると基礎学力がつかない」と考えられているところがあります。特に小学校・中学校で「総合の学習の時間」が実施され、うまくいかなかった実態の中、そのような指摘が多くなされています。

　しかし、実はそんなことはありません。それは「総合の時間」の内容が問題だっただけであり、本物の探究型の学びを行っていくなら、そのために系統的な基礎学習はどうしても必要になってきます。よい探究型学習のためには系統的基礎学習が必要になり、その系統的基礎学習の上に、更に深い探究型学習が可能になり、といった連続性を両者はもつのです。探究型学習を実施しても、それは本物の探究型学習である以上、所謂基礎学力が付かないということは決してないのです。

　さてIBからお話しを始め、DIA初等部の日本語での教育に関して説明をしてきたこの章もここら辺で結びになります。

私は決してIB信奉者ではありません。IBはその出発から明らかなように欧米の教育をベースに生まれたものです。なぜDPは高校2年生3年生の2年間プログラムなのでしょうか。イギリスのAレベルが2年間だからです。例えばそのようなことからもIBの初源的な形が見えてきます。私は、DIA初等部では、PYPを日本の民族的アイデンティティーにマッチしたものとして工夫を凝らしていくつもりです。

　今回のDIAという学校作りでは、世界標準の教育を、いかに日本の民族的アイデンティティーにマッチした形で実現するか、というのが私の根本のテーマとしてあるのです。

　東大に多くの合格者を出しているある私立高校の先生とお話しをしました。

　「大迫先生、IBって世界のいろいろな学校でやっているんでしょ？　それをやったら私学の独自性ってなくなっちゃうんじゃないですか？　私たちの学校ではそういう意味で興味なしです。」

　実はIBは実施校のそれぞれの国・地域の事情を含めて展開できることになっていますので、私の説明不足であったと思います。しかしそれ以上に、その会話の際思ったのは「先生の学校のように日本中のだれもが知っている学校が、IBの理念なり方法なりを少しでも取り入れることができたなら、日本の教育は変わっていくのではないでしょうか」ということでした。


(注；DIA初等部及びDISKはIBを採用する予定ですが、校舎の完成前・児童生徒の在籍前にIBO（国際バカロレア機構）に申請を行うことはできず、そのため申請・認可前の現段階でDIA初等部及びDISKがIBスクールであるといった誤解を生じさせる言い方をすることは控えなくてはなりません。本章もその前提でお読みください。)

# 第4章 インターナショナルスクールと共に学ぶ

## §4 Learning with an international school

**インターナショナルスクールとはどのような学校でしょう？**
**What is an international school?**

「DIA は日英バイリンガルスクールの小学校である DIA 初等部と『インターナショナルスクール』である国際部、Doshisha International School, Kyoto の二つの学校を開校します。」

これは私が DIA のことを説明する時の切り出しのフレーズとして使う表現ですが、ある方から「ここのところをあまりさらりと通りすぎないほうがよいのではないか」というご指摘をいただきました。

「大迫先生、『インターナショナルスクール』ってどんな学校のことか、想像のつかない方の方が多い、という前提でお話した方がよいと思うのですが……。」

なるほど、と思いました。

I used to begin my explanation about DIA stating simply that "two schools will open within DIA: DIA Elementary School, a bilingual (Japanese-English) elementary school, and Doshisha International School, Kyoto." However, I have been told that this is an aspect that I should insist upon and even start from the assumption that my audience had no idea as to what an "international school" is. I can only say that it was a fair suggestion.

　個人的には 20 年以上に渡って「インターナショナルスクール」に関わってきましたし、我が子二人も「インターナショナルスクール」を卒業しています。妻も「インターナショナルスクール」の教員を長く務めていますし、教育関係の友人も多くは「インターナショナルスクール」の関係者。そのような私にとっては「インターナショナルスクール」はとても身近な、日常的な存在なのですが、これからお子様が学齢期に入られる保護者の皆様にとっては、ご自身が子ども時代に海外で過ごされたことがあるといった体験を持っていらっしゃる方などを除き、確かに「インターナショナルスクール」は未知の世界かもしれません。

For the past twenty years I have been involved in one way or another with "international schools", and my own two children graduated from an "international school". For a long time, my wife has been a teacher in an "international school" and many of my friends who work in the field of education are connected to "international schools". That is why from my point of view, "international schools" are a well-known daily concept. Nevertheless, for parents whose children are approaching school age（excepting those who lived abroad when they were children themselves）, the idea of "international school" may be an unfamiliar territory.

「インターナショナルスクールってどんな学校やろ？」
　この章では「インターナショナルスクール」とはどのような学

校であるか、出来るだけわかりやすく説明をしてみたいと思います。

「大迫先生、インターナショナルスクールを『英語を勉強する語学学校、ランゲージスクール』と勘違いしている方が多いのが日本の現状ですよ。」

なるほど。

それでは、そんな誤解が消えるように、まず「インターナショナルスクール」が兼ね備えていなくてはならない4つの要件についてお話しします。（これは学校説明会でもパワーポイントを使ってお話ししました。）

"What kind of school is an 'international school'?"
In this chapter I shall try, to the best of my knowledge, to explain the concept of "international school" in a manner as easy to comprehend as possible.
One aspect that may lead to confusion is the fact that many people mistake "international schools" for language schools, schools where the study of the English language is the main objective. In order to eliminate any kind of misunderstanding, I am going to discuss about the four elements that must be found together in an "international school". (I have presented these aspects using PowerPoint slides during the school explanatory meetings.)

一つ目は「児童・生徒の多様性」ということです。学校に集まる児童・生徒の民族的・文化的・言語的・宗教的背景が様々であるということです。そのことを簡単に言いますと、「インターナショナルスクール」には世界中の国・地域から子ども達が集まっているということです。一般的には「インターナショナルスクール」では20を越える国籍の子ども達が一緒に勉強しています。

規模の大きな「インターナショナルスクール」では30カ国以上の国籍の子ども達が集まっていることもあります。

Number one is student diversity, namely the ethnically, culturally, linguistically and religiously diverse backgrounds of the students who gather in an "international school". To put it simply, an "international school" is the place where students from all over the world come together. Usually, students of more than 20 different nationalities learn together in one "international school", while in bigger schools more than 30 nationalities can be found.

　二つ目は「教員の多様性」です。児童・生徒だけでなく、先生方も世界中の国・地域から集まっているのが「インターナショナルスクール」です。先生方のほとんどが日本人、その中に数人のALT（Assistant Language Teacher 外国人指導助手）の外国人の先生がいらっしゃる、といった学校は「インターナショナルスクール」ではありません。それは普通の「日本の学校」ということになります。

The second aspect is teacher diversity. In an "international school", not only the students, but also the teachers come from various corners of the world. Schools where the majority of teachers are Japanese, supported by a few non-Japanese individuals who are Assistant Language Teachers are regular Japanese schools and cannot be considered "international schools".

　三つ目は「授業言語は英語」ということです。世界の様々な国・地域から児童・生徒そして先生方が集まっている「インターナショナルスクール」では、校内の共通の言語、そして学習言語として、世界共通語の位置を占めている英語が選択されるのはあ

る意味必然的なことと言えましょう。歴史的には、後でも触れますが、「インターナショナルスクール」の誕生の仕方から「英語」が選ばれているという背景もあります。勿論『インターナショナルスクール』では様々な言語の授業も行われますから、その授業だけは例えば日本語であったり、フランス語であったり、中国語であったりします。

Third, in an "international school" the language of education is English. In a school where both teachers and students come from all over the globe, choosing the world communication language, English, as the common language inside the school seems like an inevitable decision. I will touch upon the history of "international schools" further on, but it must be said now that from the very beginning "international schools" were created on an English language background. Of course, "international schools" offer various language classes and during those classes only another language, such as Japanese, French, Chinese, is used.


　そして四つ目の要件は「カリキュラムは世界標準のものが採用されていること」があります。言い換えれば「インターナショナルスクール」ではどこか一つの国のカリキュラムに依拠することのない、世界のどこの国にも通じる内容のカリキュラムが採用されている、ということです。アメリカン・スクールやカナディアン・スクールでは、それぞれアメリカなりカナダなりのカリキュラムをベースにそれぞれの学校のカリキュラムを作っていますが、やはり多様な背景を持った児童・生徒・教員が集まっているために、それぞれアメリカ本国、あるいはカナダ本国で実施されているものとは違う「インターナショナルスクール」としてのカ

リキュラム（例えば日本にあるアメリカン・スクールなら日本語や日本文化をカリキュラムに取り入れていたりするという特徴も含め）を持っています。アメリカン・スクールやカナディアン・スクールも「インターナショナルスクール」と呼ばれているのはそのためです。

The fourth indispensable element is a curriculum based on international standards. In other words, an "international school" would not adopt the educational curriculum of a single country, but develop a curriculum based on the educational content common to all countries. For example, the American Schools or Canadian Schools use their respective national curricula as a starting point, but go beyond that and include elements that do not appear in the American or Canadian curriculum（such as the Japanese language and culture classes offered by the American School in Japan）, in order to respond to the needs of their students and teachers, who come from various cultural backgrounds. That is why the American Schools or Canadian Schools are also considered "international schools".

　なお、日本では、日本のナショナルカリキュラムである学習指導要領を実施している日本国内にある学校のことを、学校教育法第1条で「学校」と定義しています。それで、それらの学校は「1条校」と呼ばれます。皆さんの知る国内の国公私立の学校は全て「1条校」です。DIA初等部も勿論「1条校です」。そして日本国内にある「インターナショナルスクール」の場合、日本のナショナルカリキュラムに基づく教育は行っていませんので、その意味で法的には1条校という位置づけではなく、学校教育法第134条で定められた各種学校という位置づけになります。私たち

DIAの国際部、Doshisha International School, Kyoto（DISK）も法的には各種学校になりますが、その教育内容は、世界の優秀な「インターナショナルスクール」に全く引けを取らないハイレベルの教育内容を持ちますので、日本国内での法的位置づけを心配される必要はありません。

In Japan, institutions who implement the educational curriculum established by the Ministry of Education, Culture, Sports, Science and Technology-Japan are named, according to Article 1 of the School Education Law, "Article 1 schools/ Ichijoko". The schools everybody is familiar with here in Japan, be they public or private, are "Article 1 schools". Since "international schools" do not adopt the Japanese national curriculum, they cannot belong to the "Article 1 schools" category and they are named, according to Article 134 of the School Education Law, "miscellaneous schools". This is the terminology that applies to Doshisha International School, Kyoto（DISK）. Nevertheless, the content of our educational curriculum rivals that of the best international schools in the world, and legal terminology should not deter you from appreciating our school at its real value.

　さて「インターナショナルスクール」が兼ね備えていなければならない4要件については理解していただけたでしょうか。「児童・生徒の多様性」「教員の多様性」「授業言語は英語」「世界標準のカリキュラムの採用」の4要件を兼ね備えている学校を「インターナショナルスクール」と呼びます。

　DIA国際部、Doshisha International School, Kyoto（DISK）はこの4要件を兼ね備えた「インターナショナルスクール」として開校します。

第4章 インターナショナルスクールと共に学ぶ 53

I hope I have managed to explain as clearly as possible about the four components that make an "international school". When a school meets these four criteria, namely student diversity, teacher diversity, English as the language of education and the adoption of a curriculum based on international standards, then it can be called an "international school".

DIA will open an "international school", Doshisha International School, Kyoto (DISK), based on the principles enumerated above.


## 世界のインターナショナルスクール　日本のインターナショナルスクール

**International schools around the world and international schools in Japan**

　次に「インターナショナルスクール」の歴史を簡単にひもといてみることにします。「インターナショナルスクール」についてはどのような学校か分かっていただいたことを前提にこれ以降は「　」なしで、インターナショナルスクール、と表記していきます。

I am going to continue my presentation with a short discussion of the "international school" history. Assuming that I managed to satisfactorily explain the concept of "international school", I shall drop the quotation marks from now on.


　2010年現在、インターナショナルスクールの世界的な組織である Council of International Schools（CIS 国際学校協議会：本部イギリス）には約650校のインターナショナルスクールが名を連

ねています（内日本では 15 校）。これらのインターナショナルスクールの中には 1850 年代に設立された古い歴史を持つものもあります。そのような古い歴史を持つインターナショナルスクールの多くはキリスト教の布教活動に関係する形で設立されています。また第一次世界大戦後、1924 年に誕生したジュネーブ・インターナショナルスクールのように、「国際連盟」の成立、世界平和の願いを基に設立されたインターナショナルスクールもあります。しかしなんといっても集中的に世界にインターナショナルスクールが設立されたのは第二次世界大戦後の 1950 年代からで 1950 年代から 80 年代にかけては 400 校以上のインターナショナルスクールが誕生しています。

In 2010, the Council of International School （an organization based in England） numbered 650 schools among its members, out of which 15 were schools in Japan. Some of these international schools have a long history, having been established in the latter half of the 19th century, some of them by missionaries to support their faith-related work. Also, there are schools like the International School in Geneva, established after the First World War, in 1924, one of the many institutions created as part of the peace spreading efforts of the League of Nations. However, the era of the international schools began only after the Second World War, with more than 400 international schools being established from the 1950's to the 1980's.

それらのインターナショナルスクールは、設立背景的には「キリスト教布教のためのインターナショナルスクール」「在外イギリス系またはアメリカ系学校が国際化されたインターナショナルスクール」「国際機関関連型のインターナショナルスクール」「国

## 第4章 インターナショナルスクールと共に学ぶ

際人育成のためのインターナショナルスクール」「国内教育の国際化のためのインターナショナルスクール」「二国間提携型のインターナショナルスクール」（藤澤皖氏による分類）といったグループ分けができますが、いずれのインターナショナルスクールも、先に述べたインターナショナルスクールの4要件を兼ね備え、インターナショナルスクールとしてアイデンティティーを持っています。

According to the background upon which they were established, international schools can be divided into "missionary international schools", "former schools for British or American citizens overseas", "international schools affiliated with international organizations", "international schools specialized in educating international citizens", "international schools specialized in internationalizing education" and "international schools established through the cooperation of two countries" (classification byMr. Kan Fujisawa). Regardless the category, though, the four elements described above apply and define the identity of all these types of international schools.

　日本に目を向けると、日本で一番最初に出来たインターナショナルスクールは横浜にあるサンモール・インターナショナルスクール（Saint Maur's International School）で1872年に設立されています。その名前からも分かるように、このように古い時代に設立されたインターナショナルスクールの例に漏れず、サンモール・インターナショナルスクールもキリスト教の布教を目的として修道会が設立したものです。（1872年、その年は、同志社大学の校祖新島襄がアメリカ訪問中の岩倉使節団と会い、木戸孝允の通訳になることとなり、4月にニューヨークからヨーロッパに渡

り、フランス・スイス・ドイツ・ロシアを訪ねた年にあたります。)

In Japan, the first international school was established in Yokohama in 1872, Saint Maur's International School. As you may have already guessed from its name, this school, like most international schools of that age, was a mission school. (1872 is also the year when Joseph Neesima, the founder of Doshisha University, met Iwakura Mission during his visit in America and became Kido Takayoshi's interpreter, accompanying him to France, Switzerland, Germany and Russia.)


神戸市須磨区にあるマリスト・ブラザーズ・インターナショナルスクールは、カトリック系の学校ですが、当初は中国に設立されました。それが中国の共産主義革命の影響で 1951 年に神戸に移ってくるという数奇な運命を辿っているインターナショナルスクールです。マリスト・ブラザーズ・インターナショナルスクールは 1995 年の阪神・淡路大震災では校舎に大きな打撃を受け、私たち日本国内のインターナショナルスクールの関係者が校舎復興のためにお手伝いをしたこともありました。

阪神・淡路大震災と言えば同じく神戸にある歴史のあるインターナショナルスクールでは、生徒数の減少を予想し、外国人教員の契約更新に慎重になり、地震体験の恐怖も合わさり、相当数の外国人教員が学校を離れるということもありました。

Marist Brothers International School (MBIS), currently located in the Suma District of Kobe City, is a Catholic school that had an interesting fate. Originally established in China, MBIS had to relocate to Japan in 1951 because of the effects of the Communist

Cultural Revolution. MBIS was badly affected by the 1995 Great Hanshin earthquake and representatives of international schools in Japan helped its restoration.

The Great Hanshin earthquake affected other international school in Kobe as well, as many foreign teachers started leaving the school, afraid that the number of students would go down, and reluctant to renew their contracts or to experience again the trauma of a big earthquake.

　このように時代の様々な出来事と向き合いながら歴史を刻んできた日本国内のインターナショナルスクールですが、近年の最も大きな出来事といえば、2003年9月に公布・施行された「学校教育法施行規則及び告示の一部改正について」によって「国際的な評価団体（WASC, ECIS, ACSI）の認定を受けたインターナショナルスクールの12年の課程を修了した者で、18歳に達した者」が日本国内の大学の受験資格を得た、ということです。具体的には16校の日本国内のインターナショナルスクールが対象となりました（その後数校増えています）。

There are many interesting occurrences that wrote the history of international schools in Japan, yet the most memorable one happened in recent years. In September 2003 was promulgated the "Amendment to the School Education Law", which stipulated that "students who have reached the age of 18 and have completed 12 years of education in an international school accredited by an international accreditation organization（such as WASC, ECIS, ACSI）" were eligible to take the entrance examination to a university in Japan. At that time, this regulation applied to 16 international schools in Japan, but their number has since increased.

　これはどういうことかと説明しますと、それまで日本国内のインターナショナルスクールを卒業した場合、どんなに優秀な生徒でも、日本の大学（上智や ICU 等の一部例外を除き）を受験することが出来なかったのです。それが 2003 年の規則改正によって受験可能になったということです（それまでは大検を受けて受験資格を得るという方法しかありませんでした）。

　なぜインターナショナルスクールの卒業生には大学受験資格が与えられていなかったかといいますと、前で触れましたように、日本ではインターナショナルスクールは 1 条校ではなく、法的には学校教育法 134 条に定められている「各種学校」の位置づけになっているからです。大学受験資格は基本的に 1 条校の卒業生、即ち日本の学習指導要領に基づく学習を終えた生徒にしか与えることが出来ないとされていたのです。

The importance of this Amendment becomes obvious when we think that until then, students graduating from international schools in Japan, no matter how promising they were, could not take the entrance examination at Japanese universities（with the exception of Sophia University, ICU and a few others）. Until the promulgation of the 2003 Amendment, the only way for the students to become eligible to apply to Japanese universities was to take the University Entrance Qualification Examination.

I explained already why graduates from international schools in Japan were not eligible to apply to Japanese universities: that was because international schools in Japan were designated "miscellaneous schools" according to Article 134 of the School Education Law, not "Article 1 schools". Before the Amendment, only students who had attended "Article 1 schools", that is, students who had completed the Japanese national curriculum, were considered qualified to apply to Japanese universities.

　実はそれまでも海外から帰国し、海外の高校を卒業している帰国生徒は「帰国生徒枠」等で日本の大学を受験できていたので、日本の学習指導要領に基づく学習をしていない生徒も日本の大学を受験できていた訳なので、日本国内のインターナショナルスクールの卒業生に門戸が閉ざされていたこと自体矛盾していたわけですが、それはそれとして、2003年に状況は変わりました。

　2010年という段階では、日本国内の多くの大学が、インターナショナルスクールの卒業生に対して門戸を閉ざすどころか、是非とも入学してきて欲しいと熱いメッセージを送る状況になってきています。即ち、インターナショナルスクールで、国際標準のカリキュラムで学んできた学生に対しての高い期待度があります。

Come to think of it, allowing returnee students who graduated from high schools abroad to take the university entrance examination within the "returnee student framework", although they had not completed the national curriculum, while the gates of the same universities were closed to graduates from international schools in Japan, was a paradox in itself, but the situation changed in 2003.

Now, in 2010, many Japanese universities have started opening their doors to graduates from international schools, and the message they are sending out is one of welcome. This current situation leads us to believe that these educational institutions have high expectations of the students who have completed a curriculum based on international standards.

　現実的には、英語でずっと学習してきたインターナショナルスクールの生徒達は、大学でも英語で学ぶことを希望し、日本語で授業を行う日本国内の大学に目が向かないということが一般的な傾向としてありますが、同志社大学をはじめとして全ての授業を英語で行う学部を日本の主要大学が創設し始めていることは皆さんご存じの通りです。
Realistically speaking, most students who graduate from international schools, where the entire curriculum is taught in English, as a rule are not inclined to continue their studies at Japanese universities, where the classes are taught in Japanese. But, as you may already know, the major institutions of higher education in Japan have started offering a complete course in English, and Doshisha University is one of them.

　国際的な評価団体（WASC, ECIS, ACSI）のことを説明しておきましょう。世界のインターナショナルスクールは、日本国内のインターナショナルスクールがそうであるように、それぞれの国での法的位置づけが不安定なことが多くあります。それで権威ある国際的評価団体から「このインターナショナルスクールはインターナショナルスクールとしてしっかりとした内容を持っているきちんとした学校である」ということを証明してもらう必要が生じるわけです。その権威ある団体の代表的なものがWASC, ECIS, ACSIというものになります。これらの評価団体の評価は大変厳密なもので、それぞれのインターナショナルスクールはそれらの評価団体からの認定（accreditation）を得るために非常に

## 第4章 インターナショナルスクールと共に学ぶ

多くのエネルギーを割きます。

I think it is time now for me to explain what international accreditation organizations (WASC, ECIS, ACSI) are. In Japan as in most countries of the world, international schools have an uncertain legal status, and that is why organizations which have international evaluation authority have been created, in order to confirm the validity of the educational content of international schools. WASC, ECIS and ACSI are three of the most reputed accreditation organizations, and international schools must devote a substantial amount of energy in order to obtain accreditation from one of these organizations.

　私たち DIA 国際部、Doshisha International School, Kyoto (DISK) の場合、同志社大学という 135 年の歴史を持つ教育機関が運営するインターナショナルスクールですから、WSAC 等からの認定を取り、その内容を証明してもらわなくてはならないようには思いません。しかし、世界のインターナショナルスクールの通例に従い、なんらかの認定を持っていた方がよいかとも考えています。

　国際バカロレア (International Baccalaureate : IB) は前述の「評価機関」とは異なります。IB とは教育プログラム、それも現在国際的に最も評価の高い世界標準の初等・中等教育のプログラムです。

Doshisha International School, Kyoto (DISK) belongs to Doshisha University, an educational institution that has a 135 year-history and I do not consider international accreditation from WASC or similar organizations to be absolutely necessary.

However, we must keep in line with the other international schools, which means that obtaining international accreditation may be the wise thing to do.

International Baccalaureate (IB) is different from the "accreditation organizations" mentioned above. IB represents an educational program whose standards are currently the highest in the world at the level of elementary and secondary education.

　IBは出発的には40年ほど前に、国境を越えて移動する子ども達のために考案され、インターナショナルスクールで実施されていました。しかし、現在はインターナショナルスクール以外の現地の学校（ここではそれらの学校のことをローカルスクールと呼ぶことにします）でも採用するところが増えてきています。それでもやはりIBを採用しているのはインターナショナルスクールが多く、そのインターナショナルスクールがレベルの高いインターナショナルスクールかどうかを見分ける際に、IBを採用していたらそこは間違いなく上質のインターナショナルスクールであると判断することはできます。

IB was implemented for the first time about 40 years ago, in international schools, being designed especially for students who had to study in a country other than their own. It did not take long, though, for the IB to be adopted not only in international schools, but also in local schools, whose number is constantly increasing. Nevertheless, IB is clearly more common in international schools, where it has become a standard for quality. An international school that has adopted the IB programs is automatically ranked among the elite international schools.

第 4 章　インターナショナルスクールと共に学ぶ　　63

　私たち DIA 国際部、Doshisha International School, Kyoto（DISK）は、その IB の三つのプログラム PYP/MYP/DP の全てを順次採用していく予定であることだけをお伝えしておきます。DIA 国際部、Doshisha International School, Kyoto（DISK）では 1 年生から 12 年生までのすべての学年で IB を採用する予定で、準備が出来次第 IBO（国際バカロレア機構）に申請を開始する計画です。

What I would like to state now is that Doshisha International School, Kyoto（DISK）has plans to adopt all three IB programs（PYP, MYP, DP）. Doshisha International School, Kyoto（DISK）intends to adopt all three IB programs, from Grade 1 to Grade 12, and will apply to the IBO ( International Baccalaureate Organization) for authorization as soon as all the required preparation is completed.


　そして同時に、DIA 国際部、Doshisha International School, Kyoto（DISK）だけではなく、DIA 初等部においても IB の初等教育課程である PYP を採用し、それを「日本語」で実施する学校になる計画であることもあわせてお伝えしておこうと思います。
　今、DIA 国際部、Doshisha International School, Kyoto（DISK）そして DIA 初等部は、日本のインターナショナルスクールの歴史に（そして願わくば世界のインターナショナルスクールの歴史に）新たな 1 ページを刻もうとしています。

At the same time, DIA Elementary School will start implementing the PYP in Japanese, and also we are pleased to inform you that DIA Elementary School will be the school to offer the PYP in

Japanese.

In my opinion, the birth of DIA Elementary School and Doshisha International School, Kyoto represents an epoch-making moment in the history of international schools in Japan and, hopefully, the rest of the world.


インターナショナルスクールの未来と DISK
**The future of international schools and DISK**

　ここまでインターナショナルスクールについて、基本的な情報をお伝えしてきました。インターナショナルスクールについて、それがどのような学校であるか、多少なりとも理解が深まったでしょうか。
　次に、これからインターナショナルスクールが担っていくべき役割について考えてみたいと思います。

In the previous chapter I have tried to explain the basic concept of international school and I hope that my readers have now a better understanding of what an international school is. In this chapter I would like to consider the role an international school should play.


　インターナショナルスクールというと、国際的でとても華やかな世界というイメージがまず浮かぶと思います。それはそれでインターナショナルスクールの一面であり、間違ってはいません。
　例えば私の経験から言えば、スポーツのちょっとした試合のために生徒達をソウルへ、北京へ、上海へと引率することなど極めて当たり前のことで、生徒の誰かがいつも海外に出ているのはご

第4章 インターナショナルスクールと共に学ぶ 65

く普通のことです。海外からのお客さんなども珍しいことではなく、学校全体がいつも世界と交わっているという感覚に自然になっていくのがインターナショナルスクールというものです。

　ところがここにひとつ注意しなければならないことがあります。

When you think "international school", you probably imagine a flamboyant world, and you are not entirely mistaken, because this is one aspect of international schools. Speaking from personal experience, I thought nothing unusual of taking my students to Seoul, or Beijing, or Shanghai for sport competitions, or of the fact that one student or another was always traveling abroad. Similarly, we often welcomed guests from other countries, and the feeling of interacting with the entire world is a common one in an international school.

Now, there is one point I would like to draw your attention to.

　スポーツの試合の例で説明すれば、日本国内のインターナショナルスクールが、アジアの他の国、例えば韓国や中国やシンガポールなどのインターナショナルスクールとリーグを作り、それらの国々と往き来し、試合を行う。生徒も教員もパスポートを持っての海外遠征ということになります。でも、もしかしたら、わざわざ海外に出向かなくてもスポーツの試合は出来るのでは？

　実はインターナショナルスクールの世界は「インターナショナルスクール同士」での関係が中心となり、学校の所在地の国・地域から隔絶した世界を形成する傾向があるのです。

Using again the example of sport competitions, allow me to explain that international schools in Japan have created an international school league with international schools from other Asian countries

such as Korea, China, or Singapore, frequently visiting each other and organizing games together. Both students and teachers have passports and when they are the visiting team, they actually visit another country. However, would it be possible to organize these events without leaving the country?
In truth, international schools have this tendency to focus only on other international schools and create a world separated from the country or area where they are located.

　極めて逆説的な表現になりますが「インターナショナルスクールという閉ざされた世界」という一面を持ってしまうことがある。ここのところをこれからは意識的に変えていかなければならない、もしそのことができたら、インターナショナルスクールはもっとすばらしい教育機関になる。私はそう確信していますし、DIA 国際部、Doshisha International School, Kyoto（DISK）は、そのようなインターナショナルスクールとして育て上げていく決意です。

It may sound paradoxical, but in this respect international schools are indeed a closed world. This is one characteristic that must be changed, and it is my belief that should such a change be possible, it could only improve the status of international schools as educational institutions. That is why I have firmly decided to turn Doshisha International School, Kyoto（DISK）into such an open educational environment.

　先日、IB に申請を出す前に出席が義務づけられているワークショップに、DIA の申請に備え、出席をしました。そして、会場になっていた上海のインターナショナルスクールの小学校教員か

ら、次のような話しを聞きました。彼女はニュージーランド人で上海のインターナショナルスクールに勤務して4年目という若い教員でした。

「私は教室では子ども達が国際人に育つようにと世界のいろいろなことを教えていますが、仕事が終わると、中国語も自信がないし、英語の分かる職場の仲間とだけ過ごす生活なんです。自分でもこれでいいかと思いながらも……。」

I have recently participated in an IB workshop, which is one of the requirements for obtaining IB authorization, and an elementary school teacher from an international school in Shanghai told the following story. She was a young teacher from New Zealand who had been working for 4 years in international school in Shanghai.
"In my classroom I educate my students to become international citizens, but when my day is over, because I don't speak enough Chinese, I can only spend my time with work acquaintances who speak English. I have been asking myself if this is the right way …"

　CISの加盟校が約650校と書きましたが、仮に各校に50名教員がいるとすると32500名のインターナショナルスクールの教員がいることになります。そして実はインターナショナルスクールの世界ではその32500名の教員の中だけで連絡を取り合い、リーグを作り、情報を交換し、職場を移動するということが起こっています。このような教員集団の閉鎖性になんとか変化を起こせないだろうか。

CIS numbers 650 schools among its members ; taking an average of 50 teachers per school we have 32,500 teachers working in international schools. It is a fact that in the world of international schools, these 32,500 teachers only communicate among themselves, create leagues, exchange information and positions inside the schools. I wonder, is it really impossible to change this closed world of teachers?

　私は、21世紀というとどまることなく世界のグローバル化が進む世紀に相応しい、新しいインターナショナルスクールのあり方が求められるべき時が来ていると考えています。

　インターナショナルスクールの新しいあり方、それはインターナショナルスクールが、その所在地である国・地域（仮にホームと呼びます）としっかりとつながり、そのホームにインターナショナルスクールならではの貢献をしていくことから始まる。決してインターナショナルスクールだけで閉じた関係を構築するのではなく、ホームにある一つの教育機関として、ホームと、とりわけローカルスクールとしっかりと結ばれていくこと。

　そのためには、インターナショナルスクールで働く教員には、ホームについて、これまで以上の理解と共感が求められなければなりません。

I believe now is the time to operate a change in international schools and turn them into educational institutions adequate for this globalization age which is by no means confined to the 21st century.

This change will begin by international schools creating relationships with the countries and areas where they function (which I am going to call "home base" from now on) and by the international school contribution to their home bases. That means the establishment not only of closed relationships with other international schools, but also with local schools operating in the

international school's home base.
To this purpose, it will be necessary for the teachers working in international schools to show more understanding and sympathy toward their home base.

　ホームへの貢献は、まず、ホームの教育への貢献、という形を取るのが最も自然な考え方です。日本のインターナショナルスクールが、何らかの意味・形で、日本の教育がよりよいものになっていくために役立っていく。

　私はそのようなインターナショナルスクールこそが、グローバル化され一つの国の有り様が他との関係性抜きでは語れない21世紀という時代に求められていると考えます。

　インターナショナルスクールが、日本のインターナショナルスクールが、そのような道を取っていくためには、具体的に言えば、インターナショナルスクールの教員が日本の教育制度を理解し、日本の学習指導要領のことを理解し、そして日本の教育のよいところと問題点を理解していることが前提となります。

　ですから DIA 国際部、Doshisha International School, Kyoto (DISK) には、そのような教員を採用していく予定です。

Naturally, contributing to the local education is the first step toward giving back to the home base. International schools in Japan should find a way to help improve the Japanese educational system.
I believe that in the 21st century, when countries of the world have become interdependent, international schools that contribute to the education in their home base will be especially necessary.
In order for international schools in Japan to follow this path, it is necessary for the teachers in those schools to acquire a better

understanding of the Japanese educational system with its qualities and flaws, as well as the Ministry curriculum guidelines. This is the kind of teachers that Doshisha International School, Kyoto (DISK) will employ.

　DIA はさまざまのものを「つなぐ」仕掛けをもって開校する学校です。同志社の 135 年という歴史・伝統とインターナショナルスクールをつなげていきます。日本のナショナルカリキュラムと IB という最も 21 世紀的な世界標準プログラムをつなげています。そして 1 条校で学ぶ子ども達とインターナショナルスクールで学ぶ子ども達をつなげています。

　それまでつながっていなかったものをつなげることにより、新たな創造が起こる。それは創造ということの最も初源的な方法です。

DIA will open as a school which sets in motion various "connecting" devices. It connects the 135 year-old Doshisha history and tradition with international schools. It connects the Japanese national curriculum with the IB, 21st century's most advanced educational program. And it connects children who learn in government-authorized schools (Article 1 schools) with children who learn in international schools.

Creation of a new structure by connecting things that used to exist separately is the first and foremost process leading to the creation of something new.

　そして更に魅力的な目標として、インターナショナルスクールとホームの教育、ローカルスクールとをつなげていくこと。既に DIA 内部で 1 条校とインターナショナルスクールをつなげている

第 4 章　インターナショナルスクールと共に学ぶ　　71

DIA にとって、それは他のどのインターナショナルスクールより容易なことです。

そのことは DIA を誘致した木津川市も強く願っていることです。

DIA は、インターナショナルスクールがホームとどのようにつながりうるか、そのモデルを世界のインターナショナルスクールに示すことにより、インターナショナルスクールの 21 世紀の、新しいあり方に、大きなメッセージを発信することになるでしょう。

The other important goal of international schools is to connect with their home bases and local schools, and this will be easier for DIA, where an international school and a government-authorized school (Article 1 school) already co-exist. This is what Kizugawa City, who has invited us there, strongly hopes as well.

We hope that DIA will achieve with its home base a kind of connection that will become a model for the 21st century international schools, sending a priceless message to the entire world.


## インターナショナルスクールと共に学ぶ
### Learning with an international school

本章も終わりに近づきました。この文書をお読みいただいているのは多くが DIA 初等部に興味をお持ちの方と思いますので、最後に DIA 初等部で学ぶ子ども達にとって、同一キャンパスにインターナショナルスクールが存在するということがどのような意味があるかということを書こうと思います。

We have reached the final chapter, where I would like to explain to my readers, most of whom are interested in DIA Elementary School, what the existence of an international school in the same campus will mean for the children learning at DIA Elementary School.

　最初にインターナショナルスクールを「語学学校」と勘違いしている方があるといったことを書きましたが、DIA初等部についてもまず最初に同じようなことに注意していただきたいと思います。
　DIA初等部は「英語を学ぶ」学校ではありません、「英語で学ぶ」学校なのです。
　「英語で学ぶ」ことが出来るようになるために、具体的には、教科の学びをコンテンツとしつつ、必要な言語学習としての英語教育を重ね合わせ、教科を学ぶことが可能な英語力を育んでいきます。

In the beginning I mentioned the rather common mistake of considering international schools and "language schools" to be one and the same, and here I must warn my readers against making the same mistake.
DIA Elementary School is not a school where students "learn English", but a school where students "learn in English".
In order to turn this "learning in English" into a reality, we intend to provide our students with the necessary linguistic skills that will allow them to learn the content of each subject in English ; more precisely, we are going to teach both content and language.

　さてそのように「英語で学ぶ」学校であるDIA初等部の子ども達が「英語で学べる」ようになるためにDIA国際部、

第4章　インターナショナルスクールと共に学ぶ　　73

Doshisha International School, Kyoto（DISK）の子ども達の存在はとても大きな役割を果たしてくれます。

その役割は大きく分けて二つになります。

The purpose of DIA Elementary School is to offer education "learn in English", and the students of DISK will play a key role in helping the DIA Elementary School students become able to learn in English. There are two aspects to this role.

その一つは、英語によって行われる、DIA が Joint Learning と名付けている音楽や図工や体育の授業で DIA 国際部、Doshisha International School, Kyoto（DISK）の子ども達が英語ネイティブの先生と、まだ英語が十分でない DIA 初等部の子ども達をつなぐ「Bridge」（あるいはリエゾンと呼んでもいいかもしれません）の役を務めてくれるということです。

「今、ここのところをもう一度繰り返して歌いましょう、って先生がおっしゃってるんだよ。」とか「来週は小さな布を一枚持ってきましょうだって」とかいうように、時にはテキストを指さしながら、時には身振りを交えながら、先生の英語での指導内容を必要に応じ、上手に、そして思いやりをもって、DIA 初等部のお友達に伝えてくれるのです。

そのようにして、子ども達は英語をマスターしていきます。

One, during the DIA Joint Learning program, which includes the Music, Art and PE classes, the students from DISK will become a kind of "Bridge" (or "liaison") between the DIA Elementary School students who may not be completely proficient in English, and the teacher (who is a native speaker of English).

Imagine scenes like this: the students from DISK explain to their friends from DIA Elementary School, with kindness and patience, sometimes pointing to the textbook, sometimes using gestures, what the teacher instructed them to do : "The teacher says that we should sing this again", or "we must bring a small piece of cloth next week".
And thus the children will be able to acquire the necessary language skills in English.


　イマージョン教育、という看板を掲げて、ほとんどの教科を英語で授業を行っている学校がありますが、そのような学校ではこの「Bridge」となる子どもが存在していない場合が多く、子ども達の英語力の獲得に課題を残しているケースが少なくありません。

　DIA 初等部は、同一キャンパス内に DIA 国際部、Doshisha International School, Kyoto（DISK）を併設するという理想的な環境の中、「Bridge」の役を果たしてくれるお友達が、教室にいつもいてくれるのです。また DIA 初等部に在籍する、海外での生活を体験したことのある子ども達も、同じように「Bridge」の役目を果たしてくれるはずです。

There are schools who display the label "immersion education" and where all classes are conducted in English, but in most cases, those schools lack the existence of students who can fulfill this "Bridge" function and the problem of language acquisition remains. Due to the existence of DISK in the same campus, DIA Elementary School represents the ideal environment, where friends who can play the role of "Bridge" will always be there for our students. Also, our students who have experienced life in countries other than

Japan can be a "Bridge" as well.

　DIA 国際部、Doshisha International School, Kyoto（DISK）の子ども達が果たしてくれるもう一つの役割は「モデル」ということです。
　言語の獲得には「モデル」が不可欠です。母語は、お母様・お父様・ご家族をモデルにして獲得されます。第二言語はどうでしょう。一般的にはその言葉を教えてくださる「先生」がモデルの役を果たすでしょう。個人的な体験で言えば、4歳の娘が英国で英語を話し始めたとき、それは娘の担任の先生、Mrs. Morgan の英語、そのままでした。発音も、その優しい響きも。
　しかし、同時に、自分と同じ年齢の仲間の話す言葉が、言語の獲得に際し「モデル」（もしくは「刺激」）になることもまた忘れてはならないことがらなのです。わかりやすい例で言えば、東京から大阪に引っ越してきた子はあっという間に「大阪弁」を話すようになります。それを「日本語―英語」レベルに置き換えて考えればよいだけです。

In other words, the role played by the students of DISK is that of "model".

Modeling is essential to language acquisition. We learned our mother tongue because our parents and our relatives modeled it for us. So what should we do about the second language? Generally speaking, the teacher models the new language for us. In my own case, when my 4 year-old daughter started speaking English in England, her English was exactly, in pronunciation and soft resonance, like that of her teacher, Mrs. Morgan.

However, at the same time we must not ignore the importance of a "model" (or "stimulus") of the same age as the learner, in foreign language acquisition. For example, a child who moves from Tokyo to Osaka will soon start using the Osaka dialect. The same principle applies to the transition from Japanese to English.


　帰国生と呼ばれる子ども達が高度な外国語力をつけていることが多くあります。しかし、そのような彼らも、異国の地での生活を始めた時は、全く言葉が分からず、全ての子が辛い体験をしているのです。そのような彼らを助けてくれたのが「Bridge」になってくれた先にその地にいたバイリンガルの日本人の子どもであり、また易しい英語と身振りで「Bridge」になってくれた現地の友人であり、そしてモデルとなってくれた全てのお友達なのです。

　「＊＊君がいてくれたからなんとかなった」「＊＊さんがいなかったらだめだったと思う」

　帰国生にとって、忘れられない現地の友人たち。世界中のどこの国にも、困っている人がいたら助けてあげなくちゃ、と手を差しのべてくれるやさしい子どもがいる。

Many of the so-called "returnee students" have a high level foreign language ability. Nonetheless, even they confess to having had a hard time in the beginning, when they first arrived in a foreign country with no language ability. For those children, help came from bilingual Japanese children who had arrived before them and who became their "Bridge", or from local friends who, mixing English and gestures, were their language "Bridge". In other words, it was their friends who offered language models.

"I did it thanks to my friend X", "I couldn't have done it without my friend Y". Even after they return to Japan, children who have experienced life abroad cannot forget their local friends. Everywhere in the world there are children always ready and willing to extend a hand to somebody in need.

「日本から来て、言葉が分からなくて困っている子がいる、助けてあげなくちゃ。」

日本の帰国生たちは世界のそのような思いやりのある子ども達に助けてもらいながら、立派に成長できているのです。勿論DIA初等部の子ども達が、いつかそのような役割を果てしてくれる子ども達になってくれることを願っていますし、間違いなくそのような子ども達に育ってくれることでしょう。

DIA国際部、Doshisha International School, Kyoto（DISK）の子ども達がDIA初等部の子ども達のために果たしてくれる役割を書きました。しかし、勿論DIA国際部、Doshisha International School, Kyoto（DISK）はDIA初等部の子どもの成長のために存在するのではありません。DIA初等部がDIA国際部、Doshisha International School, Kyoto（DISK）を「利用する」というような考え方をもってはなりません。DIA初等部の子ども達の英語力の獲得のため、という限定的なテーマで考えたときに、これまでお伝えしたような関係が存在するということに過ぎません。

"We have a classmate from Japan who doesn't speak English, we must do something for him!" Precisely because this kind of children with a heart exists everywhere in the world, Japanese students who experienced life abroad could develop successfully. We hope that our own DIA Elementary School students will be able to accomplish a similar role some day, learning from their own experiences of acquiring knowledge from their peers.

I wrote here about the role that the DISK students will play in the development of DIA Elementary School students. However, one must not think that DISK exists only for DIA Elementary School or that DIA Elementary School is going to "use" DISK.

I must emphasize that the relationship between the two schools in our campus will by no means be limited to the purpose of English language acquisition for DIA Elementary School students.


　DIAが目指すのは「Learning Communityの形成」です。

　我が子の幸せを願う、それは親にとって当たり前のことです。そうでなければ親とは言えないでしょう。が、我が子の幸せを願うと共に、他の子の幸せをも願う、それがDIAの目指す「Learning Community」です。

　もしどうしても我が子の幸せだけを考えてしまうという方には次のようにアドバイスしましょう。他の子が幸せになることは、我が子のより深い幸せにつながるのです、と。

　この章もそろそろ終わりにしようと思います。DIA国際部、Doshisha International School, Kyoto（DISK）の存在がDIA初等部に持つ意味について、英語力獲得に絞って説明してきました。しかし、実はDIA国際部、Doshisha International School, Kyoto（DISK）の存在がDIA初等部に対して持つ意味には、より深く、重要なものがあります。

　それはDIAのキャンパスでは、DIA国際部、Doshisha International School, Kyoto（DISK）の存在により明るく、光に満ちた国際的な雰囲気が創り出されるということです。DIAのキャ

ンパスは、正に世界を感じる「子ども達の創る国際社会」となるでしょう。

The DIA goal is to "create a Learning Community".
Any parent hopes that their child will be happy, and this is only natural. One could not be called a parent if this was not the first thing on their mind. However, at the same time we must hope that the other children will be happy too, and this is the goal of the DIA "Learning Community".
If there are any parents who only think of their child's happiness, allow me to give them a piece of advice. Other children's happiness will bring even more happiness to your own child.
Finally, I would like to emphasize that for DIA Elementary School, the existence of an international school, DISK has a meaning more important and more profound than support in English language acquisition.
The existence of DISK in the DIA campus is related to the creation of a bright international atmosphere. Within the DIA campus, the students will create an international community through which one can experience the entire world.

　子ども達の成長を考えるにあたって「雰囲気」というものの重要性を知っていただく必要があります。「子どもを包み込む雰囲気」は子ども達がどのように成長していくかを決定づけます。暖かな言葉に包まれながら成長した子どもは穏やかな優しい子どもに育っていくでしょう。反対に、攻撃的な、ざらざらした言葉に包まれながら成長した子どもは、どんな子どもになっていくでしょうか。DIAの目指す「Learning Community」は子どもの成長にとって理想的な「雰囲気」づくりを目指すものであると言ってもよいかと思います。（DIAでは各クラスルームも子ども達を

「やさしく包む」をコンセプトとした内部の彩色を考えています。）

I would like you to understand that "atmosphere" is a very important element in the development of a child. The "atmosphere surrounding a child" determines the course that child's development will take. Children who are surrounded by warm words will grow up to be gentle and kind. On the other hand, how about children who grow up in a rough and violent environment? What kind of people do you think they will become? The DIA "Learning Community" aims to create an "atmosphere" ideal for the development of children.（Even the colour inside the building at DIA was selected with the purpose of offering the children a gentle environment.）

　「雰囲気に包み込む」といった表現を、再び言語に焦点を移し考えますと、それは「どのような言語環境に子ども達が包みこまれるか」ということを考えることになります。

　日本語や英語が日常的に使用されるのがDIAの言語環境の基本になるでしょうが、英語や日本語だけでなく様々な言語が交錯するキャンパスの中で小学生時代の時間を過ごすことが、その子ども達の内的な発達、それは例えば21世紀を生きるために極めて大切な他者受容力といったものの基礎形成に必ず重要な役割を果たすでしょう。

If we consider the expression "surrounding atmosphere" from a linguistic point of view, we must think of the language environment in which our students will be educated. The basis of the linguistic environment at DIA is represented, of course, by English and Japanese, which will be used daily. Moreover, spending their elementary years in a campus where various languages mix harmoniously will play an important role in the children's internal development, and will help enhance their receptive skills which are vital for a citizen of the 21st century.

　世界とはそのように構成されているということを、日常の生活の中からごく自然に感じ取り、学び取っていくこと、そこから育つ世界の一員としての意識と、世界の異なる仲間に対する友情の芽生え。DIAのキャンパスは国境を越える友情の原点となり、世界の平和の原風景とも言える空間を形成するでしょう。

　DIA初等部の子ども達が強い英語力を獲得するだろうことは言を俟たないと思います。まるでスポンジのように子ども達は英語を吸収していくでしょう。しかし、DIAの初等部がDIA国際部、Doshisha International School, Kyoto（DISK）と共に学ぶ意味は、英語獲得といったある意味実利的な結果だけを残すものでは決してありません。それはもっと深く、子ども達の全人的な成長に関わることであるということを、DIAの教育全体を預かる者として、自信と確信と誇りを持って、お伝えしたいと思います。

Our students will acquire knowledge about the world in a natural environment, becoming aware of themselves as citizens of this world, and nurturing a sense of friendship towards those who are "different." DIA aims to create a space that reaches beyond its physical borders, fostering such international and intercultural friendships as a basis for world peace.

Needless to say, students at DIA Elementary School will reach high levels of proficiency in English, absorbing the language like sponges. However, the significance of "learning with an international school," more specifically, DIA Elementary School and DISK learning together on the same campus, is not limited to the acquisition of strong English skills. Learning with an international school has a much deeper meaning, intimately related to the holistic development of the children, and this is something that I, as the person in charge of the education at DIA, would like to convince you of, with confidence, assurance and pride.

(2010年度 DIA 初等部国内学校説明会配布資料　一部改変)

# 第5章 「帰国生徒教育」から「日英バイリンガル教育を手法とする真の国際教育」へ

**帰国生徒教育の変遷**

　「帰国子女」という言葉が文部省（当時）の書類に初めて現れたのは1960年代です。1960年代には東京オリンピックの開催やベトナム戦争、1970年に開催された大阪万博などによる特需があり、1968年には国民総生産（GNP）が資本主義国家の中で第2位に達しました。「東洋の奇跡」と呼ばれたこの終戦直後の復興から続く一連の経済成長を実現していく中、日本企業の海外進出は積極的に展開され、その結果として「帰国子女」という存在が教育施策の対象として浮き上がってきたのです。

　このような出発点を考えた時、わが国の「帰国子女」教育の歴史は現在までで約50年の歴史を刻んでいることになります。あらゆる教育施策がそうであるように、掲げられた施策の内容的な充実には時間がかかるものであり、「帰国子女」教育もその例に漏れず、徐々に教育内容の専門化・高度化が進められていきました。具体的には関係者の中では共有されている「3段階説」というものがあります。それはまず「適応救済教育」から始まり、次に「特性伸長教育」に移行し、更には「個性重視教育」に変化していったとするものです。そのような3段階説は、帰国子女の実態に向き合った現場が、おそらくは無意識的に掴みとっていった教育手法を理論的に整理したものであり、正に現場でただひたす

ら子ども達と向き合っていた教師には、その時、自分たちが実践している教育がどのような性質をもつものなのか、意識されてはいなかったでしょう。現場とはそのように、何も見えないままひたすら走っていく、といった宿命的な現実があります。そのことを批判するつもりはありませんが、もし自己が果たすべき役割を、自己の教育実践の意味を、可能な限り鳥瞰的な視点から見極めることが出来るなら、実はそれこそが現場の教員が最も望む、そしてそれ故に日常的には自己の役割を見極めるなどといった余裕などない状況を生む、「生徒のために」、といった唯一テーゼの高度な実現につながるということをまずは述べておきたいと思います。

　なお出発が「帰国子女」という呼称であったため、そのような言葉が依然存在してはいますが、本章では「子女」という言葉の持つ差別性を意識し転換された「帰国生徒」という名称を以下では使っていきます。

　「帰国生徒」教育には 50 年の歴史がある。そこでまず考えなくてはならないのは「帰国生徒」教育の背景となる世界の状況の変化です。この 50 年の間に、世界がどのように変わり、そのことが「帰国生徒」教育にどのような影響を与えているのでしょうか。

　世界のあらゆる問題は構造的に捉えられなければなりません。このことを「帰国生徒」教育の世界に当てはめて考えると、そもそも「帰国生徒」とは日本の経済界の海外進出と直接結びつきカテゴリー化された子どもの集団であり、日本の海外での経済活動のそのものが 50 年前と様変わりしていることが「帰国生徒」の

有り様の変化を生まないはずはありません。例えばそれは海外駐在の地域であり、業種であり、派遣される駐在員の年齢層であり、それらを総合して形成される所謂「層」であり、それらの50年間の変化は、「帰国生徒」教育の有り様にはっきりと変化を与えているはずです。

と同時に、この50年の世界全体の変化、とりわけ人と物と金と文化と情報が国を越えて移動する世界のグローバル化と、インターネットに覆いつくされた世界のIT化のふたつの激流が、「帰国生徒」の意味を変質させた事実も無視できません。

50年前、「帰国子女」（60年代の登場時を示す時はあえて「子女」を用います。以下同様）として存在していた子ども達は、50年後の今、もはや存在しない。その事実を出発点としなくてはならないと思います。

### 状況の変化

まず「距離」の問題から整理してみましょう。「距離」とは、日本と世界の距離であり、日本人の中にある世界に対する心的距離であり、そしてそこから生みだされた「帰国生徒」という存在に対する日本国内での距離のことです。

数値的に確認するなら、観光庁の統計によると、日本人で海外旅行者数は1975年に約250万人でしたが、25年後には約1780万人と、なんと7倍の増加ということになってます。「帰国子女」が生まれた1960年代の数値は確認できていませんがおそらく100万人もいなかったのではないでしょうか。（ちなみに海外からの訪日外国人旅行者の数も1975年には約80万人でしたが2000年には600万人に達しています。身近によく外国人を目に

するような毎日になったのです。)

　世界が近くなった。それは日本の中で生活する者にとっての実感です。そしてそのような世界との距離の変化が「帰国生徒」の意味を変えても不思議ではありません。即ち、「帰国生徒」は遠く見知らぬ所から、自分たちの想像もつかない生活をして帰国してきた異質な存在ではもはやない。「帰国生徒」は、遥かな国からではなく、感覚的には身近と言ってもよい場所から帰国してくる、ある意味理解可能な子ども達になったのです。

　勿論「違い」ということを考えるなら、帰国生徒と国内で成長している生徒との間にはある種の違いは存在するように思えます。しかし、それは50年前に「帰国子女」が持っていた違いと本質的には異質なものといえます。それは、子どもはすべて違っている、という教育において最も普遍的なテーマにおいて語られる違いに等しい違いと言ってもよいでしょう。「帰国生徒」に、特別に配慮しなくてはならないような、50年前には確かにあった違いはもはや存在しないのです。

　世界の主要な諸都市にいくと、どこにもマクドナルドがあり、スターバックスがあり、そして回転寿司がある。日本国内の多くの地方都市がミニ東京化し、街並みが同質であるように、世界は表層的な部分では区別のつかない近似性を持つに至っています。それが世界のグローバル化というものであり、その中では海外でも日本と同じような生活を送ることが出来るのです。

　「ロンドンにいるより外国にいるみたい。」

　ロンドンからの帰国生徒が、日本国内のインターナショナルスクールに通学するようになり漏らした一言です。

第 5 章
「帰国生徒教育」から「日英バイリンガル教育を手法とする真の国際教育」へ

インターネットに覆われた IT 世界。このことにより「帰国子女」は姿を消した。

日本語に飢える、という感覚、かつて海外で暮らすということは、日本語と離れて暮らす、ということを意味しました。だから「帰国子女」が存在した。

アメリカの中西部の、他に日本人家族のない小さな町に赴任した家族の場合、職場で日本とのやり取りを行う夫以外、妻と二人の子どもは家族内の会話以外に日本語との接点を失いました。子どもは現地校に通い、急速なスピードで日本語を失っていきました。妻は、時々日本から送られてくる郵便物の中にある新聞の切れ端を、表も裏も、何度も読み直し、5 年の海外生活を終えて、その間一度も日本に帰国していなかった妻と二人の子どもは、飛行機の到着した羽田空港に迎えに来た家族と、日本語で話そうとするのだが、うまく言葉が出てこず、舌がもつれたのでした。

そう遠くないそのような時代がありました。SKYPE などは勿論ない。それどころか国際電話はとても高料金で簡単には使えなかった。新聞の国際衛星版もないし、テレビで日本語の放送をする局などあるはずもなかった。50 年前の「帰国子女」は、そのような環境の中で海外生活を送り、そして帰国してきたのです。

現在、仮に海外で現地校やインターナショナルスクールに通学し日本語以外の言語で学校での学習をしている子どもであっても、家に帰れば、コンピューターで日本語でチャットも出来るし、日本語での情報はいくらでも手に入ります。日本語に飢える、といった状況がかつてあったなどということをもう想像もできないくらいの状況です。

言語が、文化的・民族的アイデンティティーの問題とも結びつ

く、それは自明のことです。しかし、決して日本語と絶縁することがない現在のIT化された世界の中での海外生活で、そのような問題が50年前のように生ずるでしょうか。

　学習を日本語以外の言語で行っている子ども達でさえそのようであるのですから、ましてや、全日制日本人学校が設置されている都市に居住する場合は、毎日の生活はほぼ日本そのもの、場合によっては日本より日本的、といった状態の中にあります。日本より日本的というのは、物理的な距離が離れている分、微妙な心理が働き、日本のことを国内にいた時より強く意識する、海外生活特有の現象といえます。日本に関する情報が、どこかでバイアスがかかったような状態になり、例えば教育に関して言えば、日本国内より過剰に受験について神経質になる、といった現象が現れたりします。

　そのような都市では、学習塾が、熾烈な競争を繰り広げています。海外の塾は日本国内に本体のある大手塾の海外校と、現地に根を下ろした日本人によって経営される中小規模塾とに大別されますが、限られた数の子どもを奪い合う競争は日本国内の比ではありません。加えて、そもそも日本国内では公立小中の先生方は受験指導は塾にほとんど任せきっている状況ですが、日本全国から集まっている日本人学校の先生方も、例えば首都圏の進学についてアドバイスが出来る者は限られており、結果的に海外の塾は現地で絶対的な力を持つことになります。家と学校と塾の往復、そんな毎日を海外で送っていた「帰国生徒」も少なくはないのです。そのような生徒にとって、海外での生活による日本語の不安の問題が発生するはずもありません。

　「帰国子女」の存在の主要な背景に、海外生活ゆえの日本語へ

の不安、というものがあったのですから、その不安が一掃されたIT化された世界状況の中で「帰国子女」は消えたといってよい。

　しかし、現実には日本語がかなり不安定な状態で帰国してくる帰国生徒は少なくはありません。家庭の事情で日本への帰国が本来予定されていなかったケースや、「生きるために」日本語以外の言語での生活・及び学習に殆どすべてのエネルギーを使っていたケースや、何らかの理由で日本語学習に対するモチベーションを失っているケース等、様々なケースが存在します。そのような生徒が帰国してきた場合、勿論支援をしていかなければなりませんが、同時に、日本語がまわりには存在せず、日本語に飢えていた状況とは異なる、ある意味努力次第でなんとかなる時代になっている、という認識も必要でしょう。そのような状況の変化が、各家庭での海外生活の中での日本語維持のための努力とうまくつながっていくように、我々専門家がアドバイスが出来るようになるとよいのかもしれません。

### 次の形

　このように考えてくると「帰国生徒」はもはや国内でずっと成長してきた国内生と大差ない存在のように聞こえるかもしれません。「帰国生徒」など、もはや実態のない幻影、言葉だけのものだと。

　しかしそこまでいくとそれは暴論と言えるように思うのです。1960年代に登場した「帰国子女」はこれまで述べた世界状況の変化を背景に消えたといってよい。しかし「帰国生徒」が消えたわけではない。なぜなら「帰国生徒」が海外生活で、異文化という環境の中で無意識的に感受してきたものは、彼らの人間的成長

において、とても意味のあるものであるからです。日本の芸術家が欧米に学びに行く。それは欧米の「風」を感じ、自らの芸術を豊かにするためです。そのように「風」にあたること、それ自体に意味がある場合があります。そして「帰国生徒」たちはそのような「風」に間違いなくあたり、感受性を豊かにしている。芸術家達がそうであるように。

　おそらく「帰国生徒らしさ」という表現で捉えられようとされていたもの、「帰国生徒は一人ひとり別々」という基本線から、この「帰国生徒らしさ」というものについても、関係者の間ではあまり固定的な内容にならないような配慮がなされてきましたが、非常に広い意味でこの「帰国生徒らしさ」を考えた時、50年の時代の変化を越えて、「帰国生徒」が持ち帰ってきているものが見えてくるのです。

　そもそも「帰国生徒」教育とはなんであったのでしょうか？それは彼らの不安定になった日本語力の回復支援であり、彼らの獲得してきた語学力（主に英語）の維持伸長であり、その他未学習部分の補助であり、といった学習面にまず目が行きますが、その他、落としてはならない部分に彼らが異文化環境の中で身につけた（日本国内ではなかなか育たない）よきものを大切にしてあげることがあったはずです。そのよきものが時に「帰国生徒」らしさと呼ばれたものでしょう。

　それではそのような意味での「帰国生徒」らしさとはどのようなものでしょうか？ここで私は国際バカロレアの「IB Learner Profile」に行き当たるのです。

　具体的には次のようなものです（詳細は第3章参照）。

# 第5章
## 「帰国生徒教育」から「日英バイリンガル教育を手法とする真の国際教育」へ

| | |
|---|---|
| Inquirers | 探究する人 |
| Knowledgeable | 知識のある人 |
| Thinkers | 考える人 |
| Communicators | コミュニケーションできる人 |
| Principled | 正義感のある人 |
| Open-minded | 心をひらく人 |
| Caring | 思いやりのある人 |
| Risk-takers | 挑戦する人 |
| Balanced | バランスのとれた人 |
| Reflective | 振り返ることができる人 |

　この10にまとめられた人間像、これこそが「帰国生徒」が「帰国生徒」らしさとして海外から持ち帰ってきたものではないでしょうか、これこそが彼らの自尊感情を守るために、また彼らを含む教室の活性化のために、教員が「帰国生徒」教育の鍵と考えていたものではないでしょうか？

　ここで大切なのはこの国際バカロレアの人間像が「帰国生徒」のために考えられたものではないということです。それは国際バカロレアが「国際感覚をもつとはどのようなことか」を定義するために創り上げられたものなのです。

　それでは「帰国生徒」らしさと、国際バカロレアの人間像の奇跡的な一致をどのように考えたらよいでしょう。

　「帰国生徒」らしさとは、即ち国際的であるための要素を身につけていた、ということであり、国際的であることのモデルであったのだということなのです。そのことを更に進めて考えると、21世紀という時代、国際性を身につけるということは帰国生徒

のみならずすべての生徒たちにとって大切なことであり、その意味で「帰国生徒」教育は、もっと大きな教育に包含され、帰国生徒も国内生徒も、例えば国際バカロレアのような国際的なカリキュラムに等しく包み込まれていく時代になったと考えるのが妥当ではないでしょうか。国際バカロレアにこだわる必要はない。世界標準のカリキュラムを持てばそれでよい。

「帰国生徒」教育は、その時代的な役割を終え、より広範な生徒を対象とする普遍的な国際教育に包含され、変異していかなければならない。

「帰国生徒受け入れ校」がその看板を「帰国生徒を含めた国際教育校」に差し替える時が来たように思うのです。

### DIA の役割

「帰国生徒」が海外でまるで日本で生活しているような生活を送っていることもあると書きました。まるで国内生徒のような「帰国生徒」が帰国してくる。

また逆に、ずっと国内で育っているのに海外への関心が強くいろいろな情報をもっていて、また場合によっては既に短期の留学を経験し英語力もかなり強い、まるで帰国生徒のような雰囲気を持った国内生徒も増えてきました。とりわけ、同志社国際中高や関西学院千里国際のように帰国生徒が多く集まる学校には、その学校文化を好んで、そのような帰国生徒っぽい国内生徒が集まりやすい傾向があるように思えます。そのような国内生徒にとっては一部の帰国生徒が明らかに目標となり、よき影響を及ぼしていることが多々あります。

しかし、まるで国内生徒のような帰国生徒があり、「帰国子女」

のような帰国生徒は殆ど存在せず、かつ帰国生徒のような国内生徒も現れる状況では、たとえば「帰国生徒3分の2、国内生3分の1」といった割合も殆ど意味をなさない。

　この「帰国生徒3分の2、国内生徒3分の1」の割合は、藤澤皖氏（千里国際元校長）と桑ケ谷森男氏（ICU高校元校長）両氏が中心になって発案されたものと聞いています。同志社国際高校の開校に先立つこと2年、1978年にICU高校が設立されました。ICU高校は、同志社国際高校と同様、国の教育施策の一貫として、国が設立資金の半分を負担する形で設立され、その設立に当たっては文部省（当時）のメンバーも加わってはいましたが、実際に教育の中身を決めていった中心メンバーは藤澤皖氏と桑ケ谷森男氏両氏でした。

　両氏は「帰国子女が少数派になってはならない」と「帰国子女だけが集まる特殊空間は望ましくない」という二つの考え方から「帰国生徒3分の2、国内生徒3分の1」の割合を考案しました。「帰国生徒・国内生徒半分ずつ」では帰国生徒が自分を発揮できないと考えたのです。

　そして同志社国際もその割合で設立され、関西学院千里国際も当初はその数値を掲げていました。

　しかしそれから30年を経過し、この割合論にいくつかの点でほころびが見えてきたように思うのです。

　帰国生徒を「帰国生徒」という枠組みで十把一絡げにしてはならない、帰国生徒は何歳の時から、どのような国・都市・学校で、どのくらいの長さ暮らしていたかで全く様子が異なる、そのことを帰国生徒への対応の出発点とする、という考え方と、帰国生徒を十把一絡げにして数として大きくしメジャーな集団とす

る、という手法は、根本のところで論理矛盾をきたしているように思うのです。確かに数の多いことで帰国生徒にとっては安心感・居場所感を持ちやすい空間になっている部分もありますが、あくまで個をベースとする帰国生徒への対応を考えると、根本のところで矛盾があります。藤澤皖氏と桑ケ谷森男氏両氏の時代、即ち「帰国子女」の時代には、帰国生徒について現在理解されているような個別性は意識されていなかった、「帰国生徒3分の2、国内生徒3分の1」の割合はその時代の産物と言ってよいでしょう。

　数値の問題だけでなく、既に述べた「国内生徒のような帰国生徒」「帰国生徒のような国内生徒」といった質の変化に加え、最近とみに増加してきた二重国籍の生徒をどう取り扱うか、といった問題も生徒集団を考えるにあたって無視できない問題になってきています。

　「帰国生徒教育」の終焉は、これまでの「帰国生徒受け入れ校」が今後どのような生徒集団を構成していくか、ゼロから議論しなくてはならない時にきていることを意味するのです。


　最後にDIA初等部が、これまで述べてきた流れの中で、どのような内容を持ち、どのような役割を果たす学校なのかについて簡単に確認しておきたいと思います。

　DIA初等部は、それ自体のカリキュラムとして、またDISKとの結合の中で、日英バイリンガル教育を手法として、国際感覚をもつとはどのようなことかを示す「IB Learner Profile」を目標とする、国際水準の初等教育を行う小学校を目指します。

　日英バイリンガル教育については、DIA初等部での6年間の教

育で「日本語による学年相当の学びと、英語による学年相当をやや下回る学びが可能」(弱めの均衡バイリンガル・バイリテラル)を目標としています。この「弱めの均衡バイリンガル・バイリテラル」はその後の日英バイリンガル教育の継続によって「日英両語によって学年相当の学びが可能」な「均衡バイリンガル」への移行が期待されるものであり、著名なバイリンガル教育研究者である Cummins の理論によると、均衡バイリンガルへの移行にはトータルで最低7年間はかかるものとされています。DIA 初等部を卒業した児童に対するその後の日英バイリンガル教育の継続的な提供が望まれる所以です(と同時に DIA 初等部が展開する「探究型の学び」においても、その成果は中等教育へ引き継がれる中で、確かなものとなっていくということも付け加えておきます)。

　DIA 初等部は日英バイリンガル教育を行う小学校ですが、日英バイリンガル教育とはある意味教育の手法、形であり、教育の中身、内容ではありません。それはあくまで授業言語の問題であり、DISK はインターナショナルスクールとして英語のモノリンガルスクールであるのに対して、DIA 初等部は日英バイリンガルで授業を行うということです。ただモノリンガル教育と比べた時、バイリンガル教育は言語教育を超えた広範な成長を子どもの中に実現するものではあります。本稿のタイトルを「『帰国生徒教育』から『日英バイリンガル教育を手法とする真の国際教育』へ」としたのも、DIA 初等部が日英バイリンガル教育を手法としつつ、教育の中身として、初等教育レベルでの真の国際教育のモデル校を目指す決意の現れなのであります。


(2009 年 9 月　同志社国際中学校・高等学校での講演のため資料　一部改変)

# 第6章　そこは日本の学校ではない
　　　　（Japanese International School）

**子どもを育てるということ**

　DIA初等部は学校教育法第1条に基づく学校ですのでその意味ではDIA初等部は日本の学校ということになりますが、そこは別の意味では日本の学校ではない。そのことをこの章では書いていきます。

　DIA初等部の学校説明会の会場の外側では、たくさんの塾が宣伝のチラシを配っているようです。まるで加茂川の川面を見つめながら恋を語り合う恋人達のように、不文律で定められた等間隔があるかのような距離をとって。

　大迫先生が創ろうとしていらっしゃる学校にはそぐわない光景だ、ご遠慮願ったら、というFAXが寄せられたりしました。でも、私たちの敷地内でなければ何も申し上げることは出来ませんし、あえてことを荒立てることも必要だとは思いませんので、特に何も申し上げてはいません。

　それらの塾が配っているのは入試対策の集中講座の案内であったり、受験対策用の問題集の宣伝であったりします。ネット上では「DIA初等部入試はこれで必勝」みたいな宣伝文句の問題集のセットが5万円以上の高額で販売されているそうです。準備室の室員がそっと教えてくれました。「大迫先生は絶対見てはいないと思いますが」と。確かに私はそういう類のネット情報は触れた

第6章　そこは日本の学校ではない（Japanese International School）　97

ことがありません。

　DIA初等部は塾の存在や社会的な役割について否定的な立場を取っているわけではありません。塾に対して批判的・否定的な立場を取る学校・個人等もあるように思いますが、DIA初等部はそのような立場を取るものではありません。

　しかしDIA初等部は、例えば神戸のCA、大阪のOISといったインターナショナルスクールのエレメンタリースクール部分が日本の塾と無縁であるように、日本の学校（以下Japanese Schools）が塾での学校説明会や所謂塾回りを行っている、そのような位相とは異なる位相に設立される学校であるということは、塾関係の皆様には理解していただけたらと思います。塾は基本的にJapanese Schoolsと関係を取り結ぶ機関であり、その意味で、DIA初等部は前記CA、OISと同じく、塾とは無縁の学校になりましょう。

　DIA初等部は新たな教育理念・手法を日本に出来るだけ広く伝えたいという思いも持って設立される学校であり、その意味で所謂塾周りではなく、幼稚園を訪問するという形で、その教育内容を伝える活動を展開しています。日本のみならず、世界中の幼稚園を回っています。これは児童獲得を主要な目的とした活動ではありません。初等教育の新しい形をお伝えすることが、幼稚園のこれからのあり方を考えるにあたってのヒントになればという思いをもっての活動です。

　開校前という現在の段階で、今後しばらくは塾関係の皆様の誤解、それゆえの行き違いも発生するかもしれません。原因はDIA初等部がJapanese Schoolsではない、ということを理解していただくのに時間がかかるためです。ゆっくりと時間をかけ、

Japanese Schools ではない、日本の学校ではない、Japanese International School としての DIA 初等部の有り様を理解していただくことに努めたいと思うのです。

　日本の教育がおかしくなっている。そう感じている人は決して少なくないはずです。
　以前『A Heartful of Love 心いっぱいの愛』という日英バイリンガル詩集を出版しました。この詩集は出版社から「子育て真っ最中のお母様たちへの応援メッセージとしての詩を書いてください」との依頼を受け、出版したものです。その中で、次のような詩を書きました。私の「子育て観」を、この詩から感じ取っていただければ嬉しいです。

森を一緒に歩きましょう
樹々の呼吸に耳を澄ませながら
　　Let's feel the breathing of the trees
　　As we take a stroll in the woods together

夜空を一緒に見上げましょう
星々の瞬くのを数えながら
　　Let's count the twinkling of the stars
　　As we gaze at the nighttime sky together

野原を一緒に跳ねましょう
レンゲの花を編みながら
　　Let's weave the clovers into chains

## 第6章 そこは日本の学校ではない（Japanese International School）

  As we jump around in the fields together

風に一緒に吹かれましょう
季節のかほりに包まれながら
  Let's smell the changing of the season
  As we get blown around in the wind together

道を一緒に辿りましょう
さえずりで鳥の名前をあてながら
  Let's guess the names of the singing birds
  As we follow along the trail together

雨に一緒に唄いましょう
びしょぬれの髪を大笑いしながら
  Let's laugh at each other's dripping hair
  As we sing in the pouring rain together

子どもを育てるって
きっと　そんなこと
  It's probably these sorts of things
  That raising children is all about

(『森を一緒に　together in the woods』　英訳　大迫亜朗)

　私は子どもを育てるということはそのようなことだと考えていますし、とりわけ子どもが幼い頃は、親の、未熟であるけど必死

でありただひたすらである愛と、生命の源である自然の恵みとに包まれて、子ども達が何の不安もなくゆっくりと呼吸をしていることが、なにより大切なことだと思います。暖かな日だまりで気持ちよく眠る猫であってよい。

子育てというものはそういうものだと考える人にとっては、今はおかしい、おかしすぎる。でもおかしいとは思っていながら、そこから抜け出すことが出来ない。気づくと、しっかりお受験ママになってしまっている。仕方ない。人間の弱さ、というかなりに根源的な問題が横たわってのことです。

しかし、おかしいと思えるものは、やはり誰かが、いつか、そのことに手を打たなければならない。世の中にはいつまでも放置したままであっていいことと、決して放置したままであってはならないことがあります。仕方ない、で済ましてはならないことがある。

DIA 初等部は、今述べた「おかしさ」の外側に身を置く学校です。同志社という「ブランド」は、客観的に見て、特に関西圏では確実に存在します。ですから「同志社大学が運営する日英バイリンガル小学校」ということで、おかしさの拡大再生産、即ちお受験熱の火に油が注がれることは容易に予想されます。だからこそ、私は敢えて言うのです。

DIA 初等部は、お受験熱を加熱し、おかしさの肥大化に無自覚に加担する学校には決してなりません、と。

## そこは日本の学校ではない

この章の冒頭に、DIA 初等部は日本の学校ではありません、と書きました。それはもし DIA 初等部が日本の学校であるなら、

## 第6章 そこは日本の学校ではない（Japanese International School）

日本の学校についてまわるおかしさから逃れることはやはり難しいと考えているからです。今、日本の教育のおかしさから決別するために、思い切って日本の学校であることそのこと自体から離れること。だから、DIA 初等部は、そのスタンディングポジションを日本の教育の外側に取るのです。そしてインターナショナルスクールという場所にとても近い場所に位置取りしていく学校になります。それを私は Japanese International School と呼びます。

　DIA 初等部が「日本の学校」ではなく、出来るだけインターナショナルスクールに近い場所に位置する学校になることによって、抜け出すことが可能だと思う「日本の学校」の持つ課題とはどのようなものでしょうか。

　まず何より先に挙げたいことが、「お受験」に象徴的に示される偏差値偏重教育です。偏差値ランキングで学校が序列化され、偏差値の高い学校、究極的には東京大学に合格することが最も価値のある「教育の成果」とされる、そのような「日本の学校」が組み込まれている基本的構造そのものから、まず決別したいと思います。そもそも東京大学自体が世界的な評価に苦慮し、様々な取り組みを余儀なくされている時代になっています。構造の頂点が揺れているということは、その構造自体が問い直されなくてはならないということを意味します。

　数値で計れない価値。本来教育が目標とするものはそのようなものであるはずです。

　「落ちこぼれはでませんか？」

　私が私の理想とする教育の形についてお話しをした後、質疑応答で出てくる典型的な質問にそのようなものがあります。そして

私は次のように答えます。

「まず『落ちこぼれ』という単語そのものが、私には愛の欠落を深く悲しく感じさせるもので、私自身は教育に携わるものとして絶対に使わないことばであるということをまずはお伝えし、その上でお答えをします。『落ちこぼれ』というのは、ある一つの価値観、教育観、わかりやすく言えばある一つの物差しで子ども達を評価しようとするから出てくる考え方です。とりわけその一つの物差しが『偏差値』というものである場合、『落ちこぼれ』という決めつけで、子ども達の未来を、可能性を閉ざしてしまうものです。物差しが一つでなければ落ちこぼれは生まれない。それが私の答えです。インターナショナルスクールにはたくさんの物差しがあります。日本の学校ではない DIA 初等部にとって落ちこぼれというものは、そもそも概念そのものが存在しないのです。」

別の典型的な質問に「いじめはありませんか」というものがあります。保護者の皆さんにとってそのことがとても心配なことはとてもよく分かります。私は次のように答えます。

「子ども達の人間関係の中で、けんかやもめごとがないということはありません。それはある意味自然なこと、人がこの地上に生き始めてからずっと消えたことはない、人はそのようにしてここまできたし、これからもずっとそのようにしながら生きていく。学校という場で大切なのは、それが『いじめ』というレベルに至る前に事態の終息を図るための体制を持っていることです。具体的にはカウンセラーが学校で重要な役割と責任を持つこと、カウンセラーを中心とした子どもを守るシステムを作ること、教師とカウンセラーという専門性の全く異なるプロフェッショナル

第6章　そこは日本の学校ではない（Japanese International School）　　103

が手を携え、更には保護者も必要に応じシステムに参画して、早め早めの動きを取ること、そのようなことをしっかりしないといけません。問題は起こる、大切なのはそれにどのように対応できるか、ということ。問題が起きそうなときこそ、学校の力、本質が試されるときなのです。」

いじめについては、もう一つの考えを書いておきます。

親がわが子を愛するのは当たり前のことです。しかし、親が自分の子どもだけが大切を大切にし、他の子どもには一切愛情を示さないのなら、親がわが子の損得だけを考えて、他の子どもの幸福は一切望まないような言動を取っているなら、子どもが自分だけの利益を考える、思いやりのない子、場合によっては平気でいじめを行う子どもに育ってしまっても仕方ないことかもしれません。親が自分の子しか愛さないのなら、子どもだってそれでいいと思う、自分だけがよければいいと思う。

愛情の種類は違うでしょう。ギリシア時代に既にあった愛のカテゴリー分けで言うなら、我が子への愛はストルケ、そして他の子どもへの愛はアガペーということになるでしょう。

いじめの原因のひとつは、親が自分の子どもの幸福しか望まない、親が自分の子どもが有名な大学に進むことだけを願っている、そのような偏狭で貧しい大人達の愛の有り様にあると私は考えています。

他の人も愛すること、全ての人に思いやりを持って接すること、日本の学校が偏差値教育に忙しくしていた間に忘れてしまったものは、そのような教育、いわば深く人を思いやる力を育てる、豊かな人間教育といったものです。

そのような豊かな人間教育を実施する基礎環境として、インタ

ーナショナルスクールには最適の環境があります。あまりに自分と違いすぎる仲間達と一緒に生活する環境では、違っていることをとやかく言っている余裕はありません。自分と、場合によっては極端に違う仲間とうまくやっていくためのトレーニングは、その違いが際だっていればいるほど、ある意味容易になるという逆説的な現象が起こるのです。知らぬ間に広く豊かな思いやりの心が育くまれていくのです。

　その他、日本の学校が持ち、そして私がDIA初等部には持ち込まないと決意しているその他の事柄には、日本の学校の評価のあり方とか、日本の学校の職員会議のあり方とそれに連結する学内リーダーシップの欠如の問題とか、そしてよく言われる金太郎飴のような画一的教育とか、いろいろあります。それらのことは、2011年からDIA初等部の教育実践が具体的に積み重ねられていく中、また機会を見て、皆さんにお伝えしたいと思います。

　私は日本の学校の全部を否定しているわけではありません。それがこれまで長い時間に渡って日本の国の基盤を創ってきたことは事実ですし、この国はそんなに悪い国ではない。ある高校生が使ったことばで言えば、そこそこの国、ではあります。そんなそこそこの国を創ってきた教育の全体を真っ向から否定するつもりはありません（本章冒頭で触れた塾の存在も含め）。同志社には2006年に開校した同志社小学校がありますが、私はその教育は「日本の小学校」という位相の中で極めて優れたものだと考えています。英語教育にも力を入れていますが、日本の学校という枠組の中にある小学校です。ですから私は同志社小学校が、日本一の「日本の小学校」になってくれることを願っていますし、応援もしたいと思っています。そしてDIA初等部は、日本の学校で

第6章　そこは日本の学校ではない（Japanese International School）　　105

はない、日本でたった一つの Japanese International School として成長していきたいと思っています。同志社が、異なる形の日本を代表する二つの小学校を持つことになる。それが理想のシナリオなのです。

　そして DIA 初等部をそのような学校として正しく認識してもらえたなら、冒頭の塾の皆さんも、彼らの多くはとても子ども思いのよい人たちなので、例えば初めて国際バカロレアというものを勉強してみる、といったことで、これまでの考え方から少しずつ解き放たれていくヒントと出会って欲しい。

　解き放たれる？

　そう、最後に、日本の学校から離れた位置に立つ DIA 初等部を見る見方をお話ししておきましょう。それは、これまでまとわりついてきたもの、縛られていたものから自由になることです。それらを自分自身からそぎ落とし、これまでの考え方から解放されること。それが出来たその時、DIA 初等部の本質が、私が「ここは日本の学校ではない」ということばに込めた思いと願いと戦いの意志が、本当の意味で、深く、正しく見えてくるはずです。氷柱の中のこの世のものと思えぬほど美しい古代の花が、ある光の角度により、突然浮かび上がってくるように。

# 第7章　同志社教育とDIA

## ことばの人

　同志社の創始者、新島襄のことを書きます。

　同志社大学今出川キャンパスに有終館という建物があります。今は同志社の重要な立場でいらっしゃる方々のお部屋がその中にある建物ですが、元々は同志社の初代図書館であった建物で、国の重要文化財に指定されている由緒ある建物です。今出川キャンパスにはその他にドイツ人R・ゼールの設計によるクラーク記念館、英国人A. N. ハンセンの設計によるハリス理化学館、プロテスタント教会としては日本最古の煉瓦造りであるチャペル（同志社礼拝堂）、そして京都市内最古の煉瓦建築彰栄館、と計5棟の国の重要文化財が点在しています。戦後の鉄筋コンクリートの校舎は、これらの煉瓦建築との調和が考慮されています。京都観光の方をキャンパスでよく見かけます。なかにはキャンバスを広げてスケッチをされる方もある。今出川キャンパスに流れる優雅な時間です。

　その有終館の前に新島襄のことばが毎月掲示されていま。この原稿を書いている2010年7月のことばは「良心ノ指図ニ順フベシ、敬テ天ノ命スル所ニ順フベシ」（新島襄全集1　451ページ）です。私は有終館の前を通るのをとても楽しみにしています。私の心の求めているものと、いつも怖いくらいに一致することばが、そこにあるのですから。

私は新島襄を「ことばの人」と思っています。ことばの人。物事の本質を見事に突いた強く確かで、そして美しいことばを発することが出来る人であると。

新島襄は同じく日本を代表する私学の創始者である大隈重信（1838 - 1922）や福沢諭吉（1835 - 1901）といった同時代人に比べて知名度は多少低いかもしれません。それは大隈重信や福沢諭吉が大学の設立以外に政治的な活動も含め（大隈は総理大臣にまでなっているのですから）様々な分野で活動しているのに対して、新島襄は、謂わばその人生のすべてを同志社の設立一筋に賭けた、そのような生き方の違いがあるからのように思います。新島襄は、教育者であり、教育思想家であった。彼のエネルギーはすべて教育に、具体的には同志社に注ぎ込まれた。

そして、そのような生き方が、信念が、そしてそこから絞り出されるように発せられることば達が、私の胸を打つのです。思えば、私も、結局のところ、教育のことを、子ども達のことを、国の将来のことを、ただ愚直の一念で考え続け、そしてなんとかここまで生きて来た人間だからなのかもしれません。そして、私自身の人生の最終コーナーを曲がったあたりで、同志社で、新島襄と出会ったことに、運命を、そして神のご計画を感じるのです。

NHKの大河ドラマが『龍馬伝』である2010年は、日本では坂本龍馬ブームが起こっています。京都の街にも龍馬と関係した広告を多く見かけます。誰でもが知る坂本龍馬。1836年に生まれ、そして1867年にわずか31歳で散っていった幕末のヒーロー。しかし、私は、その同時代に坂本龍馬よりももっとすごい男がいた、と思っています。その男を主役にした大河ドラマで出来たら、必ず大ブームが沸き起こる。

新島襄がその人です。1836年生まれの坂本龍馬、そして1843年生まれの新島襄。共に幕末に生まれた同時代人の二人は共に時代を越えて生きようとしました。

坂本龍馬は土佐藩を脱藩し、日本の未来のための行動を取ろうとしました。彼にとっては「脱藩」ということは重大事でした。大河ドラマでも「脱藩」とうことばが何度も出てきます。しかし、新島襄は、「脱藩」はおろか、なんと「脱国」までしているのです。「脱藩」が重大事であったその頃、「脱国」ということを考えて、そしてそれを実行してしまった新島襄の「凄さ」は、坂本龍馬をはるかに越えているように思うのです。

と言っても、そのような行動の実行者の、実行時の心情を想像すると、それが決して簡単に成し遂げられたことではないことがよく分かります。

その夜の新島襄の心を想像します。1864年7月。

「七月十八日の深夜、新島は闇を突いて福士の手引きで沖に停泊するベルリン号に乗り込んだ。福士は新島の密航が役人に見つからずに成功するように、前の夜、わざわざ小舟を漕いで試航を試みるほど用意周到であった。ふたりは懸命に舟を漕いだ。なにしろ『嘗て試みざる仕事』であったので、新島も『必死の力』を出した。

翌朝、役人による船内検査があったが、幸いにも発見されず、新島を乗せたまま船は上海へ向けて出航した。新島はようやく、鍵を掛けられた物置から船長に呼び出され、晴れて甲板に上がることができた。

とりあえず上海まで行ければ、そこでアメリカ行きの船を見つける、という魂胆である。かくして『真夜中の冒険』は見事に成

功した。『少年の狂気』を抑えることはやはり無理であった、と新島は述懐する。」(『新島襄と建学精神』 本井康博　17 頁)

　7 月の深更、必死で小舟の櫂を漕ぐ新島。その時の思いはどんなだっただろう。

　船が出るまで物置でじっと潜んでいる。役人が入ってきた。その時、どのくらいの恐怖心と闘っていたのだろう。もし見つかれば死罪であるのだから。そしてその時、もし見つかっていれば、新島は脱国を果たせず、そして今、同志社大学は存在していない。

　一体なにが新島を突き動かし、そして想像を絶する恐怖心にさえ打ち勝つことができたのでしょう。

　幕末の日本の閉塞状況、武家身分社会への苛立ち、閉ざされ遅れていく日本。

　ここでない場所に、自分の求める、大きな世界があるはずだ。新島自身の述懐する「少年の狂気」とは、少年特有の純粋無垢なパトス（情念）を意味するのだと思います。

　本書で繰り返し出てきました国際バカロレア（IB）の Learner Profile に「Risk-takers（挑戦する人）」があります。

　「不慣れな状況や不確実性に向かって、勇気と気構えを持って立ち向かうことが出来る。今までになかった方法、考え、役割を試みようとする自立的な精神を持っている。恐れずに自己の信念を明言することが出来る。」

　これが IB の Risk-takers の定義ですが、正に新島襄の脱国という行動そのものを指しているように思います。そして、DIA では、21 世紀の Risk-takers を育てたいと思っています。

　「武士（もののふ）の思ひ立田の山紅葉　錦着ざればなど帰る

べき」

　この和歌に託された Risk-takers 新島襄の激烈な覚悟。

　世界に羽ばたく人材の育成を目指す DIA にとって大切にしなくてはならない一首です。

## 親　切

　新島襄の生涯を見たとき、胸を打たれる場面は、出国時の出来事以外にも数多くあるのですが、ここではもうひとつだけ、彼のキリスト教信仰に関わることを書いておきたいと思います。

　新島は脱国し、アメリカに向かう1年あまりの辛く厳しい航海の途次、香港で漢訳の聖書を入手し、キリスト教に深く触れます。新島は脱国前に既に有志と、当時異端として禁じられていたキリスト教についてこっそりと勉強会を開いていたりしたのですが、聖書に直接触れたのはこのときが初めてであったと思います。

　私には、すべてが、導かれたように、と思える新島の生涯の中で、未知の国、異郷にひたすら向かうだけの航海のさなか、不安と期待の交錯をベースに、新島の内なる想像力がおそらくその頂点に達していると思われる時に、彼が聖書のことばと向き合っていた、ということは、本当に、導かれた時間であったと思うのです。

　そして、身分不詳、住所不定、風体常ならぬアジアのストレンジャーを、その者の信念をただ純粋に信じ、心広く受け入れ、我が息子として支援してくれた実業家ハーディーも、若き頃、牧師を目指し勉強に励んだ敬虔なキリスト教徒であったのです。

　おそらく、新島と会った時、ハーディーは日本という国がどこ

にあるかは知らなかったと思います。今も実は世界の相当多くの人が Japan という名前は知っていても、日本という国がどこにあるか、その場所を正確には知らないのですが、1860 年代という頃、ハーディーが日本のことを知っていたとは思えません。しかし、ハーディーは新島を受け入れた。ただ、新島を信じて。新島が必死の思いで書いた「Why I departed from Japan」に書かれた、新島のキリスト教に対する熱い思いを信じて。

　実業家として成功していたハーディーは、現代の日本では殆ど死語になってしまっていますが、所謂篤志家であったと言えます。新島のアメリカでの一切の費用をまかなってくれました。

　親切というものはいつでも心に沁みるものです。しかし、とりわけ、見知らぬ外国で受ける親切というものは特に心にしみるといってよいでしょう。

　エピソードを二つ書きましょう。

　日本のインターナショナルスクールで 10 年以上勤務された友人が、先頃母国のカナダに帰られました。お別れにと妻と私でお食事を共にした時、こんな話しをしてくださいました。

　「私の父と母が若い頃、仕事の関係で一度、日本に来ているの。親戚の人と三人の 2 週間の東京滞在。1950 年代の後半のことよ。その頃、東京のタクシーはまだ、それぞれのタクシーが動ける範囲が決まっていて、遠くに行くためには何台か乗り継がなくてはいけなかったらしいわ。でもタクシーの運転手さん達は、次の人にとにかく引き継いで、私の両親を、行き先まできちんと運んでくれたの。そんな風に彼らの 2 週間の日本滞在は、彼らにとって、本当に忘れられない 2 週間になった。日本語の分からない外国人に、とにかくすごく親切にしてくれた。だから私が「日本の

インターナショナルスクールで働く」って相談したとき、両親は『あの国なら大丈夫』って、はっきり言ってくれたのよ。」

　もう一つは私自身の英国生活の思い出です。

　英国生活が３年目を終えようとし、妻と二人の子どもが３年ぶりに日本に行くことになっていました。私たち家族は丸３年、全く日本には戻っていませんでした。私は仕事の都合でどうしても動けず、妻と子ども達だけでの一時帰国の計画を進めていました。ところが、彼らの出発の直前、私はアキレス腱断裂という大怪我をしてしまいました。中学１年生の時からずっとプレーヤーとして、コーチとして続けていたバドミントンが、私のアキレス腱を痛めつけていて、遂に断裂まで行ってしまったのでした。きちんとアップせずに急に力をかけた不注意が決定的でした。少し前から違和感があったにもかかわらず。

　それで、家族の３年ぶりの日本帰国の際、私は家の中で、全く動けない状態になっていたのです。それでもとにかく久しぶりの日本を楽しみにしていた家族には、そのまま予定通りにヒースローから日本に向かってもらいました。妻も、息子も、娘も、私のことをものすごく気にしながら発ちました。

「さて、どうしよう。」

　大丈夫だから、と言ってはみたものの、思案に暮れていた時、玄関のチャイムがピンポーンと鳴りました。足を引き摺りながら玄関まで辿り着き、そして戸を開けると、そこには私たち家族が通っていた教会の牧師のロジャーさんが笑顔で立っていたのです。

「ハーイ、ヒロカズ、調子はどうだい？　何か困ったことないかい？」

あの日、ロジャーさんが来て下さった。

そのことを私はやはり忘れることは出来ません。

外国で受けた親切。

新島襄の場合は、特に「錦着ざればなど帰るべき」という重大決意をもって、しかも全くあてのない形でアメリカに向かっているのですから、そこで受けた親切が、どのくらい彼の心に沁みたかは想像に難くないところです。

新島は、ハーディーの、そしてその後邂逅する多くの彼の理解者の、その親切の根源にキリスト教信仰があることを実感したはずです。

その時、彼のキリスト教への思いは、憧憬から確信に変わった。

私にはそのように思えます。

### インターナショナルスクールの役割

DIAは開校後、たくさんの外国の方々を迎えます。海外から、心のどこかで不安を覚えながら私たちの国日本にやってくる皆さんを、温かい思いやりの気持ちをもってお迎えしたい。ホスト国としてのおもてなし。Hostとしてのhospitality。それがキリスト教主義に基づく教育を実践するDIAにとっては自然なことです。

インターナショナルスクールは、外国から集まった方々にとってはホームのような場所に鳴らなくてはならないといった役目もあります。友人・知人と離れ、母国から遠い異国の地で生活をすることは時に孤独を感じるものです。お父さんは日中仕事に追われ、子どもは学校、お母さんだけが、一人ぼっちで時間を過ごさなければならなかったりして、精神的な安らぎが必要な場合もあ

ります。

　そんな時、子どもの通う学校に行けば、同じように外国から来たばかりで生活に戸惑いを感じている仲間がいる。

　これは知人からいただいたメールです。プラハのインターナショナルスクールの様子が描かれています。
す。

　「住環境は申し分なく、我が家は学校の裏門まで歩いて２〜３分です。このインターナショナルスクールと、学校を取り巻く集落の中だけは、英語が通じる世界です。ISP（International School of Prague）は丘の上に建つ大きな学校で、親達も使える図書館、いつでもお茶やランチのできる景色がよく開放的なカフェテリア、広い体育館、素晴らしいシアターなどの設備の整った、恵まれた学校です。いろいろ大変迷いましたが、結果的に住居も学校もここにしてよかったです。当初あれほど British School にこだわっていた娘も、ここに来てこの学校を一目見て、気さくなスタッフや先生達、この環境すべてが大変気に入ったようでした。おまけに ISP では、親向けのツアー（テレジンやお城ツアー）や語学クラス、カルチャークラス（料理クラスなど）まであり、私たち親の毎日の生活までが、ISP のなかにある感じです。英語のキャッシングマシーンもあります。世界中から来ている家族の学校ですから、語学や料理の先生などの人材が豊富なのも、うなずけます。また、日本人の親は、みんなに大人気の寿司を、パーティやフェアのたびにたくさん作っていき、大活躍です。Welcome Committee もあります。人恋しくなるとカフェテリアにいけば、いつも誰か話し相手がいます。毎朝のように、各国のコミュニティ主催の Coffee Morning（お手製のお菓子付）が開かれます。

隣人も皆、我が家同様、仕事で母国に落ち着けず、3〜4カ国を転々と転勤してまわっている人たち（大使館関係や商社）が多く、共通の苦労を体験しているからか、気さくで互いに面倒見がよく親切です。子供の学校を中心とした、こんな大きなコミュニティで暮らすのは初めてですが、カフェ、図書館から銀行まで、学校がちょっとした生活の場であり、便利でなかなか頼れる存在でもあるとは、驚きです。」

インターナショナルスクールはこのようにして、豊かな学校文化を形成していきます。DIAもそのようなインターナショナルスクールとしての、Japanese Schoolにはない役割を果たしつつ、人間味溢れる豊かなコミュニティーを創りたいと思います。

「笑顔でお迎えしましょう。」

これは私がDIAの全ての教職員に基本中の基本としてお願いしていることです。

同志社の創始者、新島襄の関わるお話しはここまでにします。新島襄に関しては、新島襄全集が発刊されており、また非常にたくさんの研究書や著作が多くの方々の手によって書かれています。その研究書や著作の多さが、一度新島襄という人物と出会うとその魅力に引きつけられてしまう人の多さを物語っていると思います。

そのような多くの研究が成されている新島襄について、ここまで私が書いてきた感覚的なことばは、正にビギナーレベルの、浅学非才の徒としてのことばに過ぎません。そのようにお許しをいただければと思います。

## 同志社の「優しさ」

　DIA の設置準備室は 2009 年 4 月に同志社大学今出川キャンパスにある明徳館の 5 階の一室で仕事を始めました。DIA 初等部の教員採用予定者 4 名、DISK の教員採用予定者が 2 名、事務を担当して下さるビジネススタッフが 2 名、それに私というメンバーでした。

　私と、教員採用予定の 6 名は、開校のための様々な準備を進めると共に、同志社のこと、新島襄のことをしっかりと学ばなければならない、それが準備室のスタートでした。どのようにして、同志社のこと、新島襄のことを学んだらよいだろう、DIA の担当副学長でいらした片山傳生先生にご相談申し上げたところ「野本理事長にお願いしてみたらどうでしょう」というアドバイスをいただきました。

　早速野本真也理事長にお願い申し上げたところ、理事長として、またその他の学外の多くの役職をお持ちのご多忙の中、DIA オフィスのわずか 7 名の同志社新人のために、理事長自ら DIA オフィスに来てくださり、同志社について、そして新島襄について、わざわざパワーポイントの画面まで用意して説明をしてくださったのでした。

　その後も DIA 準備室では新島襄研究の第一人者である本井康博先生がお話しをしてくださり、国際教育の部分の担当副学長でいらした黒木保博先生も同志社大学の国際化についてお話しをして下さいました。皆さん、とてもお忙しい方々なのに、いずれも DIA 準備室の 7 名のために。

　「同志社は人に優しい同志社と言われているのですよ。」

　大学の職員さんからそんなことばを聞いたことがあります。同

志社にきてまだわずか1年数ヶ月ですが、そのことを実感しています。同志社の素晴らしさです。

　同志社に籍を移すことになる前、私は前職であった千里国際学園での校長そして最後は学園長という立場での仕事に対して、身に余る評価を関係各方面からいただき、その結果、インターナショナルスクール的学校や帰国生徒受け入れ校の設立の相談や既存のイマージョン教育や英語教育の実施上の困難の相談、そして国際バカロレアに関しての情報収集や探究型学習に関する情報収集、といったような様々な目的で、日本全国から多くの方々が私の部屋をひっきりなしに訪れる状態でした。私は教育に携わる一人の人間として、出来るだけそれぞれに誠実に対応をし、また場合によっては学校そのものにお邪魔しアドバイスをしました。中にはちょっと重症だな、思われた学校もありましたが、あきらめずに私に出来る最大のアドバイスはしました。

　その中には直接力を貸してもらえないかと、遠回しに、そして、時には直截な表現で、私を誘われるところもいくつかありました。しかし、その開校時から正に身を粉にして働いてきた千里国際学園のことを、その生徒・卒業生のことを、こよなく大切に思っていた私の心が動くようなことはありませんでした。私自身、千里国際の仕事をずっと続ける気持ちでいましたから。同志社の方々と初めてお会いしたのは丁度そんな頃でした。

　今も、その日、千里国際学園を訪ねられた同志社の皆さんの、紳士的で礼儀正しく、気品と品格を漂わせる様子をよく覚えています。私がその後、同志社の一員になる日がくることなどその時は夢にも思っていませんでしたが。

　同志社に入社する前（同志「社」は入社ということばを使いま

す)、そして入社後、たくさんの同志社の皆さんとお会いしました。同志社に20年、30年、中には40年以上も身を置かれている方もあります。皆さん、新参者で、かつ外様である私に本当に親切にして下さいます。いろいろなことを丁寧に教えて下さいます。千里国際を訪問された方々から受けた印象と異なる印象の方は一人もないのです。「突忽とはるかな国からやってきた」ように同志社に入社することになった私に、最初多少違和感を持っていらしたかもしれない方々も、すぐに心を開いて下さり、本当に優しく、そして温かくアドバイスをしてくださいました。

　皆さん、同志社を愛し、大切に思っていらっしゃいます。同志社らしさ、を本当に大切にしている。

　皆さんが大切にしている、そして同志社の一員として私も大切に思っている同志社らしさとは、まずなによりも、創始者新島襄の思想がしっかりと守られているということです。135年という歴史を持ちながら、ここまで創始者の思想が深く生き続けている私学は他にないと思います。

　そのことに加え、京都という日本を象徴する、伝統的であり国際的であり、奥深くかつ多様な都市の豊饒が、同志社を育てていることを感じるのです。

　同志社に身を置いていると、京都が同志社を育てた、ということも実感するのですが、同志社が京都を育てたとも言えると感じます。そのように両者は深く相互的な関係を持っています。

　長く生き続け、伝統と呼ばれるものには必ず意味と価値があります。意味と価値がないものは早くに消滅しているはずですから。

　京都と同志社、共に消えることがない意味と価値を持つものと

して、これからもこれまで以上に相互的な関係を深めていくことになりましょう。共に、それぞれの伝統に、21世紀的な新しい価値を付与することにより。

**同志社の中のDIA**

　DIAは同志社の発展にとってどのような役割を果たせるでしょう。

　まず持ってDIAが持つ二つの学校、DIA初等部とDISKを高いレベルで成功させることが一番大事なミッションであることは間違いありません。

　DISKに関していえば、私は最近次のような表現を使っています。

　「世界の人たちから、『日本を代表するインターナショナルスクールはどこですか？』と問われた時、『京都にあるDoshisha International School, Kyotoが日本を代表するインターナショナルスクールです。日本を代表するインターナショナルスクールは東京ではなく京都にあるのですよ』と答えられるようになるまでDISKを育てたい。京都の皆さんで、どうかDISKをお育て下さい。」

　京都の皆さんは、よっしゃまかしとき、っという心意気を示して下さいます。

　そんな風に、DISKを、そしてDIA初等部を育てていきたいと思います。

　何より大切なのは、DIA初等部で、そしてDISKで学ぶことになった子ども達を、しっかりと愛し、大切に育ててあげること。

　私はそのために同志社に来ました。

と同時に、私は、私にDIA設立という素晴らしいプロジェクトをお預け下さった同志社のために全力で恩返しをしたいと考えています。同志社の関係の皆さまに、同志社らしい国際学校ができましたね、と喜んでいただければ、それ以上の喜びはありません。

　そして、更に、今回のDIAというプロジェクトが、広く日本全体にメッセージを届けることが出来、日本という国の教育の発展のために役立つことが出来ればとも思っています。DIAが日本の教育に一つのモデルを示すことにより、同志社の存在をひときわ高くアピールできれば、これもまた同志社の皆さんには喜んでいただけることだと思っています。

　DIAはこれまでの同志社にはなかった、新しい、ある意味ちょっと異端児的な存在なのかもしれません。教育内容も、校長予定者の私のことも「これまでの同志社にはなかったタイプ」と皆さんによくそう言われますので。しかし、そのようなDIAに対して、同志社の多くの方々から「期待していますよ」との、応援のことばをいただいています。

　そういうDIAが、そして私自身が同志社のために果たせる役割を、これからゆっくりと探してみたいと思います。

　まずは「つなぐ」ということばをキーワードにして、法人内の学校をつなぐアクションを始めてみました。

　DIA初等部の卒業生の多くは、カリキュラムの一貫性の担保という視点から、帰国生徒教育で30年の実績を持つ同志社国際中学校へ進学することがメインストリームとして考えられていることは、本書で既にお知らせしています。

そうである以上、同志社国際中学校の先生方にはDIA初等部がどのような教育目標の実現のために、どのようなカリキュラムで、どのように子ども達を育てているかを知っておいていただかなくては、教育の一貫性など語ることが出来るはずもありません。またDIA初等部の先生方も、同志社国際中学校ではどのような教育をしてくださるか、それをしっかりと把握した形で、それを前提に初等教育段階で成すべきことを定めていかなければ、それこそ教育の一貫性など語ることなど出来ないはずです。所謂推薦制度とは、人数の問題ではなく、カリキュラムの、教育の、相互的関係の謂いのはずです。また相互の先生方が、お互いを尊敬の念を持って知り合いになっていることも、子ども達に安心感と信頼感を与える基礎条件だと思います。

DIAは同志社国際中学校と、連絡会という名称の会を既に何度も行っています。同志社国際中学校の古市剛校長先生と今井一宏教頭先生が私の提案を深く理解してくださり、心からの協力をして下さっており、心から感謝しています。

先頃行われた連絡会では「DISKと同志社国際中学校・高等学校との繋がり」というテーマで闊達な意見交換がブレインストームレベルで行われました。そこでのアイディアのいくつか（例えばDISKが採用予定のIBの科目、IB英語とかIB世界史を国際高校の生徒が履修できるようにするとか、運動系・文化系クラブのジョイントとか、海外の教材を共同発注するとか）がDISK開校後に実現できたら、DISKと同志社国際中学校・高等学校両校にとっての相互的発展に繋がると思います。

またDIA初等部は同志社幼稚園の先生方ともお知り合いになっています。将来的に同志社幼稚園から数名がDIA初等部に入

学することが予定されているからです。同志社幼稚園の先生方の顔を、DIA 初等部の教員は（そして DISK の教員も）既によく存じ上げています。幼稚園の方にお手伝いに伺ったり、その折、園児の皆さんの様子も見せていただいたりといった関係を、ゆっくり無理のない範囲で行っています。これも前述の、一貫性に関する私の考え方に基づいてのことです。

　同志社では、それぞれの部署がそれぞれ優れた成果を生んでいます。しかし、それらがこれまで構築していなかった連携関係をもつようになったら、更に豊かな結果を生み出せそうだ、というのが、同志社に入社して以降、繋がりを持った異なる部署の方々とのお話から得た印象です。

　DIA が、同志社の中では、いい意味でちょっと異質な存在になり、異なる組織が相互的に化学反応を起こすための「触媒」になることができれば、とりわけ同志社の教育理念の一つである「国際主義」の領域で、なんらかの役目を果たすことが出来るかもしれません。

　京都から日本へ、日本から世界へ、今、同志社が更に飛翔しようとしています。「眠れる獅子が起きだした」といった方がありました。

　同志社の中でどのような役目を果たせるだろう、ということを考えながら DIA のプロジェクトを責任を持って進めていきたいと考えています。

# 第8章　教育界に押し寄せる学力の標準化とは

(2010年3月6日、学習院大学での講演から抜粋。講演の前半部ではDIAの教育についての紹介を行い、本章は講演の後半部分である。)

**比較する**

　さて今から本日のお題に直接関わる話しに入りましょう。新たに5つのキーワードを示しながら、本日の「教育界に押し寄せる学力の標準化とは」というテーマに少しでも近づいていけたらと思います。

　まず「日本標準」と「国際標準」ということば、これは今日こちらに来ていらっしゃる方々にとっては当たり前のことだと思いますが、両者は二者択一的なものではない、本日の私の講演の前半のキーワードとしていました「つなぐ」ということ、私が皆さん方にお示しできる一番重要な考え方はそのことで、今から挙げます5つのキーワードはそれを具体的に実現するためのヒントのようなものになるかと思います。

　ナショナルスタンダードとグローバルスタンダードは、その二つを融合させたら何か今までになかったとてもすばらしいものを生み出すことが出来る、というのが私の基本的な考え方です。

　最初のキーワードは「比較」、まず比較しましょうということです。先ほどお渡ししました資料の中にIBの「Learner Profile」

と日本の「中学校学習指導要領」の「道徳」の「目標」の項の比較のプリントがあります。これは少し前に仲間たちと活動していました「インターナショナルスクール総合研究所（IS総研）」で作成したものです。（巻末資料参照）

　この「比較」という作業はどの学問領域でも一般的に行われている作業で、比較・相対することによってそれぞれの本質が見えてくる、ということは皆さんご存じの通りです。ゆっくりとこのプリントを見ていきたいのですが、そのことは時間の関係で省略します。後でどうかお目通し下さい。読んでいただければ比較という作業を通して、例えば日本の道徳教育の本質と限界というのが見えてくるはずです。そこを踏まえていきますと、今度はIBの本質もより理解しやすくなってくるはずです。

　今、PYPのカリキュラムと日本の学習指導要領の対照表というのを私どもDIAの準備室で作成しています。先ほどお話ししましたDIA初等部の日本語での授業部分、全体の45％にあたりますが、そこの部分は「日本語でのPYP」を実施し、探究型の学びを行う予定ですので。難しい作業ですが、丁寧に一歩ずつ進めています。

　それから本日いらしている市川力先生の東京コミュニティースクールでもIBと日本の学習指導要領を比較しながら独自の探究型カリキュラムを作っていらっしゃいますね。

　MYPに関しては東京学芸大学附属国際中等教育学校が進めていらっしゃいます。そこに星野あゆみ先生という方がいらっしゃるんですけれども、星野さんがMYPと日本の学習指導要領をつきあわせています。星野さんと私とが連絡を取りながらやっていけばPYPとMYPの日本の学習指導要領との対照表が出来上がる

第8章　教育界に押し寄せる学力の標準化とは　　125

はずです。やはりそのような協力関係もすごく大事だと思うので、そういうこともやろうと思っています。

　さてスライドで見ていただいていますようにIBの説明を少しいたしましょう。IBというのは「異文化の理解と尊重を通じ、よりよい、より平和的な世界の構築に貢献できる、知性と向学心と思いやりのある子どもたちを育てる」、これはIBのミッションステイトメント（使命宣言）なのですが、そういうことを使命、目標としているカリキュラムで、現在2010年の段階で139ヵ国で79万人以上の子どもたちが勉強している、まさに国際標準の、世界標準のカリキュラムで、現在広く世界で評価されているカリキュラムです。

　実は今日こうやってお話しているわけですが、一つIBO（国際バカロレア機構）の方から言われていることがあるのです。それは私どもDIAはこれからIBに申請をするんですね、DIAの持っている内容から申請すればスムーズに認可されるはずですが、ということでまだDIAはIBの認可校ではありません。ですからお渡ししているDIAのパンフレットにもIBという言葉は一切使っていません。「使わないでくださいね」とIBOから言われています。IBには、こういう面については厳しい規則があります。「じゃぁどうすればいいのですか」と尋ねましたら「世界に通じるカリキュラムを採用する予定、と書いてください」と言われたんで、これは守らないといけないなと思って、今そういう風な表現になっています。今日の説明もそういう意味では皆さん方にそこら辺の事情を含んでいただきながら、「予定の学校の責任者から説明を聞いた」という風にしていただけたらなと思っています。

IBのLearner Profileですが、先ほど申しましたようにIBのPYP、MYP、DP、すべてのプログラムに一貫する目標とされています。IBが出しているすべての出版物、それは英・仏・スペイン語の三語で出されていて、また内容によっては最近は中国語でも出されていますが、その膨大な出版物の一番最初にさきほどお見せしたIBミッションステイトメント、使命宣言とこのLearner Profileが必ず書かれています。それからそれぞれの冊子の中身に入っていくのです。

　ここで私がLearner Profileについて特にお話ししたいことは二つです。それはなにかというと、このLearner Profileは、日本で言うところの「道徳の授業」とか、あるいはホームルームとか、運動会とかいった行事とかだけで育てるのではなくて、全ての授業の中でこれを目標にするんだ、ということなんです。ですから例えば「挑戦する人」、ご覧いただいていますように英語では「Risk-takers」と言うのですが、それをMath算数の時間に育てる、Science理科の時間に育てる、あるいは「バランスのとれた人」というのを言語の時間に育てる、といった形で一つ一つの授業の中でこれを目標にしていくのです。ですからIBには「カリキュラムマップ」というものがあるのですが、日本語で言うと指導案ということになりますね、そのカリキュラムマップには必ず、この授業ではLearner Profileのどこを育てることを目標にしているかということをきちっと明記することになっているのです。

　一つ一つの授業の中で、子どもたちがこのLearner Profileの10の人間像に向かって育つようにしているというところがとにかくすごいと思います。日本の場合は特定の時間にそれをやる、

先生が道徳の時間にお話をしてくださる、だけど他の授業の時は関係ない、そういったことを考えると、IB の Learner Profile の中から学べることは大いにあると思います。

　ですから、先ほど申し上げた DIA の 50 名の教員は、例えば私にそれを問われたら答えられなくてはならないようにしていくつもりです。DIA では私を含めアドミ（管理職）が observation や drop-in という形で日常的に授業を見ます。そして「あなたのさきほどの授業では Learner Profile のどこを目標にしてたの？」と尋ねます。あるいは前半にご紹介しました DIA のモットーについても同じです。Learning for life, Learning for the World, Learning for Love、それもやっぱりただ掲げただけでなくて一つ一つの時間にそれが考えられていなくてはいけない。今日のあなたの授業の中で、あるいは単元の中で、DIA のモットーがどのように関連づけられていたかということをきちんと答えられなければ、それは私立学校の教員としては失格だと思う。そういうような形で掲げられた目標なりモットーなりが、実際の一つ一つの授業実践の中で、しっかりと育っていくように努力していくというのが、今私が目指していることですし、私学というものの本来の姿ではないかと思っています。

　さてここでいったんブレイクでしょうか？　主催者の方から、今日の講演は一方通行ではなく、ご参加の皆さんとの Interaction を取りながら進めて欲しいとお願いされていまして、それは DIA の基本方針とも一致していますので、是非ともそうしたいのですが……。ごめんなさい、時間の関係で、また雰囲気的にこのまま進ませていただきますね。あと 25 分くらいでレジュメにありますところを何とかやり終えたいと思っておりますので。後ほど皆

様からの質問や発言はお受けします。

### 新しい評価軸を考える

さて二つ目のキーワードは「評価」です。評価に焦点をあてて考えていくのが世界標準ということについて考えていく糸口じゃないか。参考になるのは、PYPの3つのカリキュラムです。

「カリキュラム」というと皆さんどういうイメージがありますか。

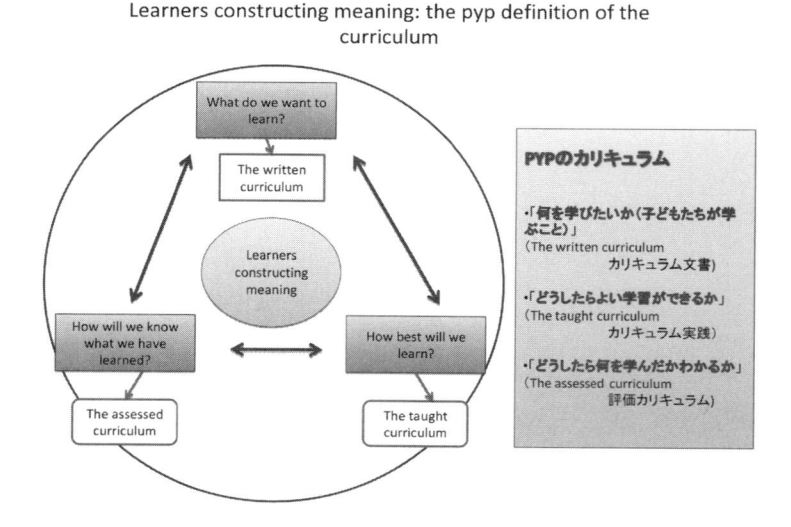

Learners constructing meaning: the pyp definition of the curriculum

- What do we want to learn?
  - The written curriculum
- How will we know what we have learned?
  - The assessed curriculum
- How best will we learn?
  - The taught curriculum

Learners constructing meaning

**PYPのカリキュラム**

・「何を学びたいか(子どもたちが学ぶこと)」
(The written curriculum
カリキュラム文書)

・「どうしたらよい学習ができるか」
(The taught curriculum
カリキュラム実践)

・「どうしたら何を学んだかわかるか」
(The assessed curriculum
評価カリキュラム)

ある教科・科目について「これこれのことを勉強しましょう」という学習内容が書いてあったらそれカリキュラムですよね。しかしIBが定義するカリキュラムというのはそれだけではない。スライドで見ていただくと、それはここ、writtenカリキュラム、

何を学ぶか、のところだけなんですね。IBが定義する本当のカリキュラムというものは「何を学ぶか」と「それをどう教えてあげたらいいか」、カリキュラムの実践、taughtカリキュラムと言います、優しく言えば「教え方」。そして最後にそれを「どう評価してあげるか」、何を学んだか、どうしたら何を学んだかわかるかというassessedカリキュラム、評価カリキュラム、この3つがセットになってカリキュラムと言うのだというのがIBが定義しているカリキュラムなのです。

日本の場合はwrittenカリキュラムだけで「カリキュラム」と考えている、ここしか持っていないケースが殆どです、ここができていたら「カリキュラムできました」と言っている。

現在の日本の「カリキュラム」に対する考え方の一つの限界がここにあると思います。いいwrittenができたらそれをどうやって教えてあげたら本当の学びになるかということを考えていかなくちゃいけない。

そして三つ目のカリキュラムとしてのassessedカリキュラム、即ち二つ目のキーワードである「評価」のお話しに辿りつくのです。この「評価」という部分、日本の教育の中でtaughtより更に弱い部分だと思います。

それでは「評価」について、なぜ日本の教育ではそこの部分が弱いかということについてお話しをしましょう。日本の勉強は、結局のところ「入学試験に合格すること」というところに目標が単純設定されている。試験の結果が全て、といった考え方、そういった風土がある以上、きちっとした評価というものは生まれないと私は思っています。

学びは、試験のため、入試に合格するためにある。だからその

部分での結果さえ出たら、後は特に学びの意味を問うことは不要だ、試験の結果以外に意味を見いだしていない、興味が寄せられていないような学習観の中ではきちっとした評価なんて出てこないと思います。

　ここで私が言っている「きちっとした評価」というものは、それぞれの人にとって、その人なりの進歩・成長に繋がるような評価、人間としての誇りと自信を持つことが出来るようになる、そのための評価、そして願わくば、生涯に渡って学び続けようという気持ちが心の中に生じていくような、そのような評価のことです。

　今、日本には「偏差値」があります。それもある意味「評価」であると言えます。偏差値はそれが生まれた経緯とは無関係に、日本を覆う圧倒的な強さを持った評価軸になっています。でも、偏差値のように数値で、そして順位でだけ「評価」が行われていては、日本の教育の国際標準化はほど遠い話しと言わざるを得ません。

　本当の学びとは、皆さん方は分かっていらっしゃると思いますけど、その「結果」にではなく、学んでいるその瞬間に意味がある。学習者、学んでいる子どもたちが自分を発見したり、人間としての誇りを持ったり、自信を持ったり、自分の方向性を探っていけたりという、そういう誇りとか自信とかを形成していくプロセス自体に意味があるのです。そのようなプロセスとしての学びが、人間としての学び、生涯の学びということに繋がっていきます。学ぶということの本当の意味、深い意味はそこにあると思うんですよね。

　「結果」というものは無視はできないことですが、基本的に学

びの意味を考える際には、明らかに違う次元の話なんです。しかし、残念ながらその「結果」という側面に極端に傾斜している今の日本の教育の中では、本当に子どもたちの成長につながるものはなかなか生み出せないと思う。ですから例えばIBなんかにヒントを得ないと、きっちりとした評価は生み出せないんじゃないかという風に私は思います。

　評価に関連して、もう一つ「評価者」について、考えていることをお話しさせてください。この評価者の問題は今の私にとってかなり強い問題意識を持っていることになります。

　今DIAでLanguage Policyというのを作っているんですね。皆さん方の学校でLanguage Policyを持っている学校はどのくらいありますでしょうか。

　Language Policyについて簡単に説明しますと、学校の中で、そこで学ぶ子どもたち、そして教師、場合によってはペアレンツに対しても、言語の使用方法について、一定の約束事を設けるのです。例えばインターナショナルスクールではよくあるんですけど、特に今、日本国内のインターは日本の子どもたちが増えてきていますので、教室では絶対日本語使ってはいけないみたいな約束事をLanguage Policyとして出します。ペアレンツにもキャンパスに入ったら日本語を話さないでくださいとか、そういうものをLanguage Policyと言います。

　私が今、DIAの先生方向けに準備しているLanguage Policyがあるんですけど、DIAでは日本語を第一言語とする先生方と英語を第一言語とする先生方の複合集団になりますが、それぞれの先生方が、それぞれの第一言語においてのモデルになってください、と言っています。日本語第一言語の方もかなりの数の先生方

が日英バイリンガルではあります。英語の第一言語の先生方が日英バイリンガルである可能性はあまり多くはないのですけれども、中には日本語が上手な先生も来てくださると思います。そのような日英バイリンガルの外国人の先生がいらしても、その方に私が期待しているのはあくまで英語のモデルになっていただくことです。そして逆に日本人のバイリンガルの先生方にはやっぱり日本語のモデルになっていただきたいと考えています。

　海外から帰国してきた子ども達の日本語がすごく美しいということがよく言われます。なぜかというと日本語とほとんど接することが出来ない環境の中で、モデルになってるのがペアレンツの日本語だからです。今に日本の中の、この社会に溢れかえっているものすごく暴力的で攻撃的な日本語に出会っていない子どもたちは、すごくきれいな日本語を持って帰ってくる。残念ながら数ヶ月たつと変わってしまうことが多いのですが。

　このエピソードは言語獲得にとってのモデルの重要性を示しています。モデルから子どもたちは言葉を学んでいきます。国際結婚されているご家庭できれいなバイリンガルに育つご家庭の場合は、例えばお父さんがイギリス人、お母さんが日本人であると、お父さんは絶対に英語しかしゃべらない、お母さんは絶対日本語しかしゃべらない、みたいなご家庭だと、バランスの取れたバイリンガルのお子さんに育ちます。そのようなご家庭を随分たくさん見てきました。ご両親がよきモデルになっているのですね。

　ちょっとLanguage Policyについて説明しすぎて、話しが横道に逸れてしまいました。実は今作っているLanguage Policyの中に一つ「評価」あるいは「評価者」に関係している内容があるのです。私は今、DIAの先生方にこんな話しをしています。

「日本の学校の先生方のことばには『使役表現』が多すぎる。生徒に何々させる、持ってこさせる、とか運ばせるとか、そういう表現をさも当たり前のようにして使っている。それから『命令形』も当然のように使っている。しかし、それは教員の傲慢ではないか。学習者としてともに生きていくという意味ではやっぱりそれはおかしいんじゃないか。例えば教師という仕事の役目として、子どもたちが正しくないことをしたらそれはいけない、と正さなくてはいけないし、叱らなくてはいけないし、権威を持って接しなければならない、それは教師の仕事だから、そのときのための強いことばを持っていなくてはいけない。しかしだからと言って、持ってこさせるとか運ばせるとか、まるでなんて言うかな、召使いに言うようなものの言い方について無自覚であるというのは、それは教師のもつ傲慢性だと思う。そのような姿勢がある以上、そこから正しい評価は生まれない」と。

　そういう教師の人間観みたいなものを整理していかないと、きちっとした評価は生まれないのではないか。かつ、これは帰国生徒教育の原点みたいなものなのですけれども、生徒に対する共感といったもの、それも「評価者」としてはとても大切なことです。帰国生徒の場合は海外で、本当にいろいろな豊かな経験をして、それを内在化させ、光輝いて帰ってくる子どもたちが多くいるわけですが、それでもやはり海外では大人の気づかない苦労を彼らなりにしてきていることがほとんどなのです。いろいろ大変なことがあっただろうなって思いやる、そういう共感があって初めて帰国してきた子どもたちのことが理解できるみたいなことがあるんですけれども、この「共感」ということは、帰国生徒のみならず全ての生徒に対して同じように持たなくてはならないこと

だと思うんですよね。

　生徒に対する、子どもたちに対する共感というものがあるなら、そう簡単に「命令形」で子どもたちに接していく、「使役表現」を無神経に使う、ということは出来ないはずだと思うのです。そのような表現を当然と思っているような教師文化からは、本来あるべき、あり得べき「評価者としての視点」といったものはまず生まれてこないように思うのです。そこらへんの基本的な問題から考えていく必要がある。評価について、あり得べき内容を細かく説明していく前に、まずベースをちゃんとしないといけない。評価ということに、特に重要性を見いださないでずっときたこの国の状況、それはもしかしたら民族性といったことに関わっていることなのかもしれないともこの頃ふと思うのですが、いずれにせよ評価というもの自体が社会の中で重要視されてない中で、教育の場にある先生方も、評価者としての正しい姿勢というものを考えることもなく、ごく自然に、悪気はないのでしょうが、身につけてしまった言語構造といったもの、その言語構造の背景にある人間観、教育観、教師観といったものがある、それらを一回払拭しないとこの国に正しい評価は生まれないんじゃないかというような考え方を私は今しています。

　以上が二つ目のキーワード「評価」についてのお話しでした。

### インターナショナルスクールの課題

　国際標準について考える三つものキーワードとして「インターナショナルスクール」。

　今日、先ほどインターナショナルスクールの定義をさせていただきました（本書第4章参照）。それで、まず皆さんにお伺いし

## 第8章 教育界に押し寄せる学力の標準化とは

たいのは、インターナショナルスクールというところに皆さん実際入られたことがあるのか、そしてもしそういう機会が今までなかった方はインターナショナルスクールというものにどのようなイメージは持ってらっしゃるのか、ということです。

　今インターナショナルスクールというものに、すごく強い関心が寄せられていることを実感しています。同志社が今回開校するDoshisha International School, Kyoto に対してもものすごく強い関心が寄せられています。是非入りたいみたいな形で。ですが、インターナショナルスクールをこれからやっていこうとしている私自身が言うのはおかしいんですが、もちろんインターナショナルスクールにはすばらしい教育があり、それは後で触れようと思うのですが、だけれどもやっぱりインターナショナルスクールっていうものが持っているある種の限界っていうこともきちっと知っていないといけない。インターナショナルスクールということで飛びついてきてしまう方々がたくさんいらっしゃるような状況の中では、特に強くそのことを感じています。インターナショナルスクールをただ無条件に理想的なものと考えてしまっている。インターナショナルスクールの教育を実践したらそれが学力の国際標準化に通じる、と単純に考えるようなことがあったら、それは危険なことなので、ここからあえてインターナショナルスクールの限界について触れていきます。

　一つは閉鎖性と隔離性ということです。先日、IB の PYP ワークショップに参加しました。管理職向けのワークショップで、IBの申請のためには出席が義務づけられているワークショップです。それに出ないと IB への申請ができないのです。場所は上海のあるインターナショナルスクールです。

そのワークショップで「ヒューマングラフィックス」という、参加者が仲良くなるためのグループ分けのゲームをしたんです。例えば、PYPの経験が10年以上の先生はここ、5年以上の先生はここ、3年の人はここ、初めての方はここ、みたいな感じです。参加者は皆管理職の立場にある方々なので、先生としての経験は皆さん長いのですが、PYPについては10年以上経験してアドミ（管理職）になる人もいるし、全く突然PYP校に来てアドミになる人もいるんで、グループがうまく分かれます。

　次は学校のサイズ、K to12、即ち幼稚園から12年生、高校3年生までの学校はここ、K（幼稚園）とエレメンタリーだけはここ、そういうふうに学校サイズで分かれる。そうするとやっぱり、自分と同じ学校サイズの人だとか同じ経験の人だとかが一緒になるので、ちょっとこう融和してくる感じが生まれます。親近感とか親和感とか、と言ってもいい。

　そしてその中にこんな質問がありました。

「いくつの言語が話せますか？」

　1つ、2つ、3つ、4つ以上という形で分かれました。どこのグループが一番多かったと思います？　インターナショナルスクールのアドミですよ。管理職、校長、教頭、IBコーディネーターレベル。どこが一番多かったでしょう？

　正解は「言語は一つ」のグループです。その一つの言語とは英語です。

　私は少なからずショック受けました。そういうもんなんだ。英語だけで、自分たちの中だけで生活しているインターナショナルスクールの先生方。

　それがインターナショナルスクールの一つの現実なんですね。

私は大阪インターナショナルスクールの様子を 20 年間見てきましたが、でも地元との交流ということより、ソウルのインターナショナルスクールとあるいは北京のインターナショナルスクールと連絡を取ってスポーツとか芸術とかの交流をやっていく。そこは勿論英語だけの世界で、そして先生方も英語だけを使いながらインターナショナルスクールのリーグを作っていく。それはそれで教育的意味のあることではあるのですが、逆にそういう形で「インターナショナルスクールという閉ざされた世界」を構築しているという問題を提起しておきます。

　もう一つ、閉鎖性、隔離性に近い話しで言えば、インターナショナルスクールの先生方は特殊、特別な給与体系があります。Cost of Living Abroad、略して COLA と言ったりしますが、これは自分の国を離れているから特別の手当をあげる、というものです。しかもそれはかなり高額なんですよね。じゃ、例えば今日本に来て、何がどのくらい不自由なの？ということがあります。例えば私は 20 年くらい前にイギリスに 5 年ほどいたんですが、その頃はやっぱり日本語と出会うこともなかなかしんどかったし、ちょっと苦労があった気がします。しかし現在これだけコンピューターのネットの世界があって、ある意味世界と日常的に結びついている状況の中で、日本で暮らすことについて COLA を出す必要ってあるのかな、と思ったりします。だけどそういった特別な手当、待遇がないとインターナショナルスクールの先生は動かない。

　それから Home Leave というのもあります。これは母国に家族全員が年一回帰るための航空運賃を学校側が保証していくというものです。そういう通常のローカルの学校、地元の学校の先生方

にはない手当というものがインターナショナルスクールにはある。そういう特別な手当がついている給与体系の中で世界中のインターナショナルスクールの先生が動いてらっしゃる、という一つの現実がある。インターナショナルスクールの先生方が、そういった待遇を当然と思うある種の特権意識を持っている。

インターナショナルスクールが生まれた 100 年くらい前にはそれは必要だった待遇だったように思います。そうじゃないと自分の国を離れて教育をするっていう決断はなかなかできなかったと思います。それだけのいろいろな意味での障害があったはずですから。だけれども、21 世紀ということになって、インターナショナルスクールも 21 世紀の世界の有り様に基づいた形で変容して行く必要がある。待遇面も含め。母国を離れるということは、もはやそれほど「おおごと」ではない。それは個人の選択の問題です。ですから私は同志社のインターナショナルスクールをそういうインターナショナルスクールにしていこうと考えています。しかし世界のインターは相変わらず 20 世紀型のインターナショナルスクールの形態をそのまましている、ある意味保守的な形で世界のインターナショナルスクールが動いている。

教育の内容として、例えば IB をやっていてそれで教育内容がいいということはそれはその通りです。しかし、だからと言って、インターナショナルスクールの全てが理想の世界ではないということだけを今お伝えしたい。

スライドに出ました「南北問題」というのは何かと言いますと、やはりインターナショナルスクールというところは経済的に非常に恵まれた子どもたちの学ぶ場所。私にとって衝撃的なテレビの画像ってあったんですが、2 画面状態で右半分にはステーキ

を食べている子、それから左半分には十分に食事をとれない子ども達、そういう苦しい国の子ども達が映る。次の画面は、今度は右半分でコンピューターで勉強している、左半分には学校に通えないでお水を汲んでいる子ども達が映る。その画像が流れたとき、右側は今自分が属している世界、だけど、世界には明らかに左半分の世界が存在し、そういったことを考えるとインターナショナルスクールというものはある意味南北問題の象徴みたいな質を持っているじゃないかと感じたのです。だからこそインターナショナルスクールとしてやって行かなくてはならないことがある、そこらへんのことも、インターナショナルスクールの教育に関わっていく以上きちっと踏まえていかなくてはいけない問題だという風に思うのです。

**学びの共同体を目指す**

　四つ目のキーワード「Learning Community の形成」についてです。

　DIA のパンフレットを見ていただくと、1ページ目に八田学長の言葉があり、その次、頁をめくっていただくとこの Learning Community という言葉がでてきます。学びの共同体、全ての人で一緒に学んでいきましょうということで。

　先ほどお話した IB Learner Profile のすごさは全ての授業の中でやっていくこと、全ての教育活動野の中で実現していくことだということはお話しましたけれど、もう一つ、IB の IB Learner Profile にはすごいところがあるんですよね。それは何かって言いますと、それが IB Student Profile ではなく IB Learner Profile になっていることなのです。目標とする生徒像ではないんです

ね、あくまで Learner Profile になっている。それがどういうことを意味するかお分かりですか？

　それは子ども達だけの目標じゃない、ということなんです。先生方もリスクテイカーにならなくてはいけない、そしてペアレンツもリスクテイカーにならなくちゃいけない、子ども達もリスクテイカーを目指している。例えば私がとても大切に思っている Caring ということ、思いやりということ。子ども達は思いやりのある心を持つ子ども達に育って欲しい。しかし同時に先生達もそうだし、ペアレンツもそうだし、みんなでそれを目指していくというのがこの Learner という意味なんです。日本語の訳にすると目標にする生徒像、児童像じゃなくて、そこに関係する全ての人が、目標とする人間像として共有していこうじゃないか、ということです。そして、目標を共有することにより Learning Community を形成していこう。そういう考え方なのです。

　私はこの Learning Community の形成というのはすごく大事なことだと思って、今回 DIA の学校作りに際し中核のコンセプトにもっていきました。

　Learning Community のコンセプトの反対の極にある現象はモンスターペアレンツだと思います。そういう方々には是非 Learning Community という考え方を理解していただき、学校と共に学ぶコミュニティを作っていこうという意識を作っていただけたら、日本の学校の状況は少しは変わっていけると思いますが。

　話しを戻して Learning Community の形成ですが、私はそのための具体的な手法として、教員会議を変えるということを考えています。日本の職員会議、日本の学校の先生方だったらよくわか

ると思いますけど、もちろん有意義なものもあるとは思いますけど、つい最近、先週だったかな、ある学校の先生から、「大迫さん、昨日２時間の職員会議。修学旅行のホテルをどこにしたらいいかっていうので２時間やったんだ」とおっしゃっていた。そんなのアドミがどんと決めればいい。先生方の意見を事前にとりまとめ、あるいは子どもたちの意見も取り入れ、最後はアドミが、こうする、とアドミの責任で決める。２時間も延々と会議をすることではない。校長としてここにする、と決めればいい。アドミはそういうとこはきっちりやらないといけない。決めることをきちんと自信をもって決められないようならアドミは辞めたほうがいい。

　じゃ、そこで生み出された２時間どう使ったらいいか。カリキュラムの話しをあとからしますけれども、その２時間をカリキュラムに直結する話し合いのために使うのです。

　補足のキーワードとして「Pedagogical Leader」というものを出しました。これは教学的なリーダーという意味です、日本語的にいいことばがないのですが、この Pedagogical Leader が Learning Community を引っぱっていく。

　Pedagogical Leader となるのは勿論校長とかのアドミです。アドミというのは、私学の場合はお金もマネージしていかなくちゃいけない。私は大阪府の私学の校長会に 10 年以上出ていたのですが、大阪府の校長会は議題のほとんどが入試日程がらみ。即ち生徒獲得、授業料収入、とにかく運営、とにかくそれだけのために校長会している感じでした。私のところはたまたま余裕があったからかもしれないけど、とにかく喧々囂々、皆さん厳しい表情でそういうことをやっていらっしゃる。あんまり皮肉を言っちゃ

いけないですけれども、私学の校長はもうそのことで頭いっぱいの方が多い。生徒数が減ったらどうしようみたいな。勿論それも大事ですよ。確かにアドミの仕事ですが、それだけじゃないはずです、アドミの仕事は。

　アドミは時間もマネージしないといけない。学校というところは、組織ですから、いろいろなものが動いてますから、アドミが時間の調整を上手くしていかなくてはいけない。それもアドミの仕事です。

　しかし、アドミとして一番重要なことは教学のリーダー、Pedagogical Leader になること、絶対にそうです。校長が、この学校はこの理念のためにこういうカリキュラムをやっていくんだ、Written と Taught と Assessed のカリキュラムを作っていくことをリードする。校長が、その学校の理念に沿った子ども達が育つように、Pedagogical Leader になって、学校をひっぱっていかなくてはいけない。教員会議はカリキュラムのための会議に変えていく。それ以外の学校運営上の決定はアドミが責任をもってやっていく。DIA という学校は私はそういう風にひっぱっていこうと思っています。

　更に具体的な一例ですが、PYP の探究の単元を実施するためには、先生方が何回も何回も集まって話し合っていかなければ二進も三進もいかない。そういう「否応なしに集まらなくてはならない仕組み」を IB はわざと作っている。だから Pedagogical Leader としてはそのようなミーティングの時間がきちんと取れるように先生方の時間をマネージしていく。先生方が分断されたばらばらの状態では、子どもたちの本当の意味で成長に繋がる授業は展開できない。先生方が連携してチームになって、そして一

つのテーマに則したカリキュラム、単元というのを作っていく。そしてそれで教育の目標を達成していく。

先生方は日々のルーティンワークに忙殺されて、やりたいこと、やらなくてはならないと感じていることがなかなか出来ないことが多いのです。だからこそ Pedagogical Leader が責任を持ってそのための時間を保障し、また内容的にもリードしていくことが必要になります。そのような時間をもたないと運営できないようになっているところがIBの優れたところだと思います。

IBについてここでもう一度説明をしておきましょう。

IBのDPは1969年にでき、40年の歴史があります。ですから非常に完成されたプログラムです。MYP、6年生から10年生までの5年間カリキュラム。DPの前のプログラムとして1994年にできました。さらに初等教育のPYPというものが1997年にできました。ですからこのふたつのプログラムはまだ歴史は浅い。完成度からいったらDPがもちろんやっぱり40年の歴史があるからものすごく完成度が高く、その次に非常にいいと言われているのがPYPです。MYPはPYPよりも少し前にできたのですが、実は今これをやろうとしている学校はどこも苦労している。だから実はDIAもDPとPYPは最初からやる予定ですが、先生方が開校時の大変さを一定終えてからMYPを始めようと思っています。MYPっていうのは言わば発展途上みたいな成長過程みたいな感じでなかなか現場の先生方の負担も大きい状態なので、先生方がもうちょっと余裕ができてから始めようと思っているのです。

ところでPYPでは「3歳から12歳までの子どもが対象」ということになっています。そしてPYPというプログラムは基本的

に「探究の単元」を通して学ぶプログラムです。IBの学習の本質は「探究」です。そうすると、3歳の子でも探究ができる、という風に考えていることになります。3歳の子どもでも探究が出来る。この考え方は1つ注目すべきところです。

　DIAの初等部は何回も申し上げていますように日本語英語のバイリンガルスクールで、45％の日本語のところはPYP in Japanese、PYPを日本語でやります。これは現在の段階では日本ではどこもやられていない取り組みになります。それで残りの55％の英語の部分で、PYPの実施が可能か、迷っていました。子どもたちの英語の力が「探究」を可能にするかどうか、そこのところの問題です。子ども達の英語の力は、最初の段階ではそんなに強くはもちろんないですから。しかし「3歳から探究が出来る」ということを考えたとき、DIA初等部で、英語の部分でもPYPの探究型学習を導入できるのではないか、と今考え始めています。3歳の子の言語レベル、まさに言語獲得したかしないかくらい段階でも探究ということができる。探究というものはそういうものなんだ。言語の力がついてないと探究ができないっていうところから一回解放されて考えていくことが大事なんじゃないかということをお示ししておきます。

　これが有名なPYPの6つの探究の単元です。Who we are, Where we are in place and time, How we express ourselves, How the world works, How we organize ourselves, Sharing the planet。日本語で言うと、「私たちは何なのか」、「私たちはどのような時代場所に生きているのか」、「私たちはどうやって自分を表現するか」、「世界の仕組み世界がどう動いているか」、「私たちは自分たちをどう組織しているか（社会の構造）」、「地球を共有するこ

と」、この６つのテーマを小学生の子どもたちが探究していきます。このテーマに基づいて、例えば「地球を共有すること、Sharing the Planet」というこのテーマで理科と国語と算数の勉強を合わせてやる。そのことによって、理科の力も算数の力も言語の力もつくような全人教育 Holistic Learning を行う。教科の力もつくし、更にトータルに、教科を越えた全人的な力もついていくというのが探究単元の本質です。

　PYP ではその探究の具体的な方法を示します。こうやって考えていくんだよっていう具体的な方法を示すのです。はい、探究しよう、やってみよう、考えてみようって言っても子ども達は出来ない。作文で、はい感じたものをそのまま書いてみようって言っても上手に書けるわけがない。きちっと教えてあげなくては、方法を。具体的には
* Form　それはどのようなものか
* Function　それはどうなっているのか、どうやって動くのか
* Causation　それはどうしてそうなっているのか
* Change　それはどのように変わってきているのか
* Connection　それはほかのもの（こと）とどういうつながりがあるのか
* Perspective　どういう考え方（ものの見方）をしているのか
* Responsibility　わたしたちがしなければならないことは何か
* Reflection　どうしたらわかるのか

　こういう８つの方法により子ども達は探究をしていくのです。

　最終学年 11 年生 12 年生の DP の場合は、TOK、Theory Of Knowledge という科目によって、「考える」ということはどういうことなのかということを学んでいきます。言語が違うことによ

って人は思考内容が変わりますか、といったような具体的な問いかけを TOK はします。言語について考えてみよう、言葉とはなにか、さぁ自由に考えてみようじゃなくて、例えば言語の違いによって思考の違いは生まれますかっていう具体的なテーマを与えて、「考える」ということを高校2年生3年生、11年12年生がしていく仕掛けになっています。DP の前前段階の PYP という初等教育プログラムではもっとわかりやすく、こういう方法で考えていくんだよっていうことを示しているのです。

　長くなりましたが、ここまでが四つ目のキーワードに関するお話しでした。

**飛びついてはいけない**
　「飛びついてはいけない」という五つ目のキーワードで今日の講演をおしまいとさせていただきます。イマージョンとか IB とか PISA とか「国際的な」いろいろなものが登場してくる昨今です。日本の教育これでいいのかなって考えていますから、どうしても目がそういうところにいくわけですよね。

　だけど、それらのものを本当に深く理解するためには、それが生まれた背景であるとか、それが生まれた国とかそれを生み出した人々たちの文化的な背景であるとか、そういうようなものまできちっと考えていかないといけません。例えばイマージョンっていうのは、出発的にはカナダでの英語とフランス語の二語教育から生まれたものということは知っていらっしゃいますよね。じゃあそれが、日本語と英語のイマージョンにそのまま適応できるのかどうかっていうようなことの検討は当然必要になるわけです。そういうような例はたくさんあるんです。IB にしても、いろい

ろな学校がやられようとしている、その際私のところにご相談にみえることが多いですが、とってもじゃないけどその環境じゃIBの実施は難しいと思えるところでもやっちゃうんですよね。やめた方がいいのではと柔らかく言ったりすることもあるんですが、やっちゃう学校もあるんです。そしたら結局子ども達が苦しんでしまう、そして先生方も苦しんでしまうっていうことになる。やはりIBについて本当に深く思想的に理解しないと、そしてそれと日本のカリキュラムの融合というものをきちっと考えないと、遅かれ早かれ問題にぶつかる。お話しを聞いたときから行き詰まることは見えているのに、IBをやることがなんかただひたすらいいみたいな幻想が先行して、飛びついてしまっている。そういう姿勢は新しい課題に取り組もうとするとき十分に注意しなくてはいけないことだと思います。

　最後、結語です。

　国際標準化とは普遍化である。

　インターナショナルスクールの持つ可能性というお話しで結ばせていただきます。

　インターナショナルスクールというものに、もし5つ目の定義を与えるなら、「世界のあらゆる子ども、あらゆる地域、国、言語、文化、宗教の子どもたちに『同じことを教える』」です。

　それが何を意味しているか。インターナショナルスクールではどの国の子どもたちにも共通なことしか教えることができない。だから多様性のなかに普遍性が残る。それがインターナショナルスクールをずっとやってきた私の一つの結論です。あんまりにも色々あるから、そこに共通する限定的なものしか残らない。ものすごく大切なものしか残らない。先ほど申しましたようにインタ

ーナショナルスクールでは何十カ国の異なる国籍・文化背景の先生方が集まって教員会議をしたりします。意見がまとまるはずがない。日本人同士だって意見をまとめるのは簡単ではないのに、いろいろな国の先生方がそれぞれのバックグラウンドに基づき発言されたら、まとまるはずない。だから私などは端から「まとめよう」などと思っていません。

しかし、組織としては「答え」を出すことは必要です。多様な意見の存在を前提とするインターナショナルスクールには、ですから強いリーダーシップが必要となります。同志社は伝統的に「上意下達」ではない手法で物事を決めてきています。そのような同志社の伝統を守りながら、どのようにインターナショナルスクールを成り立たせるために不可欠な強いリーダーシップを発揮していくか、私に与えられた重要なテーマです。

多様な意見が存在する。しかし、だからこそ、その多様性の中でも最後にみんなが納得できる大切な何か一つが残る。そこのところにアドミとして議論を導いていく。議論の行き先が一定普遍性をもつものであれば、初めてみんなが納得できる。

世界中の子どもたちが集まる、そしてそこでその子ども達の多様性故に、一国のナショナルカリキュラムではなくてグローバルスタンダードのカリキュラムを展開していく。その中で残っていくのは、何か広がったイメージのものではなく、絞り込まれた大切なもの。そのようなものが見えてくるのです。見えてきた大切なものと、それからそれぞれの国の風土とか文化とかそういった基盤的なものが融合されていった時に、本日のテーマである学力の国際標準化というものの姿がぼんやりと見えてくるのではないか。

以上が今日私が用意したお話しです。
どうもありがとうございました。

　　　　　　　　　　　　　（於　学習院大学　西5号館301教室）

（資料）

# 「IB Learner Profile」と「中学校学習指導要領『道徳』」の目標比較

◎　探究する人（Inquires）
◎　知識のある人（Knowledgeable）
◎　考える人（Thinkers）
◎　挑戦する人（Risk-takers）
◎　振り返ることができる人（Reflective）
☆　第1　目標
　学校の教育活動全体を通じて、道徳的な心情、判断力、実践意欲と態度などの道徳性を養う。道徳の時間においては、以上の道徳の目標に基づき、各教科、総合的な学習の時間及び特別活動における道徳教育と密接な関連を図りながら、計画的、発展的な指導によってこれを補充、深化、統合し道徳的価値及びそれに基づいた人間としての生き方についての自覚を深め、道徳的実践力を育成するものとする。
☆　第2　内容　1　主として自分自身に関すること
　(2) より高い目標を目指し、希望と勇気をもって着実にやりぬく強い意志を持つ。
　(3) 自立の精神を重んじ、自主的に考え、誠実に実行してその結果に責任を持つ。
　(4) 真理を愛し、真実を見つめ、理想の実現を目指して自己の人生を切り拓いていく。
　(5) 自己を見つめ、自己の向上を図るとともに、個性を伸ばして充実した生き方を追求する。
　3　主として自然や崇高なものとのかかわりに関すること
　(3) 人間には弱さや醜さを克服する強さや気高さがあることを信じて、人間として生きることに喜びを見出すように努める。

◎　コミュニケーションできる人（Communicators）
◎　正義感のある人（Principled）
◎　心をひらく人（Open-minded）

◎ 思いやりのある人（Caring）
◎ バランスのある人（Balanced）
☆ 第2　内容　2　主として他の人とのかかわりに関すること
(2) 暖かい人間愛の精神を深め、他の人々に対し思いやりの心を持つ。
(3) 友情の尊さを理解して心から信頼できる友達をもち、互いに励まし合い、高め合う。
3　主として自然や崇高なものとのかかわりに関すること
(1) 生命の尊さを理解し、かけがえのない自他の生命を尊重する。
4　主として集団や社会とのかかわりに関すること
(1) 法や決まりの意義を理解し、遵守するとともに、自他の権利を重んじ義務を確実に果たして、社会の秩序と規律を高めるように努める。
(2) 公徳心及び社会連帯の自覚を高め、よりよい社会の実現に努める。
(3) 正義を重んじ、誰に対しても公正、公平にし、差別や偏見のない社会の実現に努める。
(4) 自己が属するさまざまな集団の意義についての理解を深め、役割と責任を理解し、集団生活の向上に努める。
(5) 勤労の尊さや意義を理解し、奉仕の精神をもって、公共の福祉と社会の発展に努める。
(6) 父母、祖父母に敬愛の念を深め、家族の一員としての自覚をもって充実した家庭生活を築く。
(7) 学級や学校の一員としての自覚を持ち、教師や学校の人々に敬愛の念を深め、協力してよりよい校風を樹立する。
(8) 地域社会の一員としての自覚を持って郷土を愛し、社会に尽くした先人や高齢者に尊敬の念と感謝の念を深め、郷土の発展に努める。
(9) 日本人としての自覚をもって国を愛し、国家の発展に努めるとともに、優れた伝統の継承と新しい文化の創造に貢献する。
(10) 世界の中の日本人としての自覚を持ち、国際的視野に立って、世界の平和と人類の幸福に貢献する。

※　考察
(ア)　IB の 10 項目の人間像は、PYP、MYP、DP の三つの段階に共通する人間像を示しており、しかも「異文化の理解と尊重を通じて、よりよいより平和な世界の構築に貢献できる、向学心と知性に富んだ、思いやりのある若者を育む」（『この国の未来を創る学校』第3章、第1節「IB 使命宣言と IB Learner Profile」より）ことを目的とした、いわば国際社会

に飛躍しようとする若者を念頭に置いた目標である。
（イ）　一方、中学校学習指導要領の道徳の目標は、わが国に生まれたすべての青年がこの国の社会に適応しつつ、さらに国際化した社会にも貢献できるように設定されたものである。ここでは複雑化を避けるために敢えて小学校学習指導要領を比較の対象に加えず、また道徳の具体的目標が設定されていない高等学校についても考察の対象としなかった。IBの人間像は国際舞台という限られた職域に向かう若者を対象としており、学習指導要領はわが国のすべての青年を対象として考えられたものである。
（ウ）　上記（イ）のように対象とする青年層が、特定の職域に向かうかすべての職域かの違いはあっても、社会的人間の形成にとって避けて通れない中学校の段階を中心に期待される人間像の比較を行うことは、国際化の傾向を強める世界状況の中でのわが国の青年教育を考える上で、また、個性化という面でひ弱な側面を持つといわれるわが国の教育を考える上で、参考になる部分が多いであろうと考えての比較作業である。
（エ）　小学校の場合も同じであるが（但し低・中・高の学年段別に示されている。）、中学校学習指導要領上道徳の目標は、①　主として自分自身に関すること、②　主として他の人とのかかわりに関すること、③　主として自然や崇高なものとのかかわりに関すること、④　主として集団や社会とのかかわりに関することの、4つのカテゴリーに分けて示されている。一方、IBの人間像の10の項目は、学習者自身の学習に対する取り組みや態度に属するものと、学習者が第三者や社会との関係で採るべき姿勢に関するものに、それぞれ5つずつに分けることができる。
（オ）　IBの人間像と日本の学習指導要領道徳の目標を比較して一目でわかることは、道徳の項目が"主として他の人とのかかわりに関すること"や"主として集団や社会とのかかわりに関すること"という、対人関係・対社会関係といった側面に入念な目標設定が行われているのに対し、IBの人間像では、一人の学習者の知的独立ないし知的成熟の道筋と、獲得した知的成熟の成果を社会的に活用するに際しての道筋が、それぞれほぼ均等に示されているのが特徴である。
（カ）　学習指導要領道徳の目標が、他の人との関わりや集団や社会とのかかわりを重視していることを否定する必要は全くないと思われる。むしろそこに示された目標群が想定通りの効果を上げているかが問われなければならないと思われる。この点で、道徳の目標が道徳の時間はもとより各教科等学校教育活動すべての場面で実現されなければならないという原則が、学校によってほとんど無視されている実態こそが厳しく問われ

なければならない。
（キ）学習指導要領道徳の目標が学習者の自立という側面に関しては、"主として自分自身に関すること"(2)〜(5)に見るように、極めて一般的な目標を並べているだけで、IBに見るような知的学習者としての独立を厳しく見つめる姿勢が弱い。中学校が義務教育ということから、総ての者に社会的エリートとしての資質を求めることの困難性から無理はないとしても、やがて指導層を形成する者に対して、特に各教科等の指導においてIBが求めるような厳しさが担保されているかどうかを、別途厳しく反省する必要がある。


（注；考察は主に中島章夫氏による）

## おわりに

　丁度この本の原稿を書き進めていたある日、見知らぬ方からの電話がありました。私が以前出した詩集『A Heratful of Love　心いっぱいの愛』の中にある『自由　Free』という詩を合唱曲にしたいのだがご許可いただけないでしょうか、ということでした。出版社に問い合わせ、私の連絡先を尋ねたとのこと。

　電話の主は山岸徹さんという方で、既に谷川俊太郎や立原道造、そしてまど・みちおなどの詩を合唱曲として発表されている作曲家の方でした。私にとってとても光栄なお申し出で、喜んで、とお答えしました。

　山岸さんのブログには次のように書かれていました。

新作合唱曲完成　　　2010年5月2日日曜日
8月に姫路で開催されるコンサートで合同合唱として演奏される曲が完成し、指揮者に楽譜をお送りすることができた。(4月28日完成)
「自由　Free」作詩・大迫弘和、作曲・山岸徹〈混声3部合唱(一部分4部)＋ピアノ〉
2010年8月1日(日)サマージョイントコンサート(姫路パルナソスホール)にて初演予定。
詩は、"A Heartful of Love　―心いっぱいの愛―"(大迫弘和著　翔文社書店)による。
作詩者の大迫弘和氏と今まで面識はなかったが、以前に同著を書店で見つけて気になり、購入していたもの。世界的な視野から希

望へのあたたかなメッセージが伝わってくる素晴らしい詩である。ご本人に連絡をとったところ、作曲することにご快諾いただいた。この詩に作曲できたことをとてもうれしく思っている。

　DIAのスクールソングを考えなくてはなりません。八田学長から「スクールソングですから『Doshisha』は歌詞に入っていないといけませんね」というお話がありました。DIAがどのようなスクールソングをもつことになるか、楽しみにしていただければと思います。

　スクールソングの話とは別のこととして、たまたまDIAの開校準備を進めている最中に、「自由　Free」というタイトルの詩が合唱曲になるという、思ってもいなかった僥倖と言ってもよいような出来事に遭遇し、このことが神様からの贈り物のように思えてなりません。DIAの子ども達が何かの折にこの「自由　Free」という曲に出会う機会があればいいな、と考えています。山岸さんは「今回の委嘱作品『自由　Free』は、いろいろな場所にいる子ども達が未来に向かってのびのびと育って、つながり合って、平和な世界を築いてほしいとの願いがこめられている」という風に私の作品を読み取ってくださっているのですから。

　これからもこのように全く予期しない出来事と出会いながらDIAという学校の創造を進めていくことになるのだろうと、期待感に満ちたエピソードでしたので、最後にご紹介しました。本書の最後に合唱曲『自由　Free』の楽譜を載せておきますのでどうぞご覧ください。

　本書の題名を『The Challenge of DIA ＝同志社国際学院の挑

戦』としました。DIA はこれまで日本にはなかった新しい教育の創造に果敢に立ち向かっていきます。

　日英バイリンガル教育を手法としつつ、これまで「競争型の学び」が圧倒的に支配的だった日本の教育に対して、人と共に生きるための「協同型の学び」の重要性を、その具体的な実践をもってアピールしていく、更にはその必要性を多くの方が感じている「記憶型の学び」から「探究型の学び」への転換を、これも同様に理論ではなく実践を示すことにより広く促していく、そのような DIA 初等部の教育作りは「挑戦」以外の何物でもありません。

　また 21 世紀のインターナショナルスクールの有り様を追い求めていく DISK もまた間違いなく「挑戦」者です。

　まず DIA で学ぶことになった子ども達に最高の教育を施すことに全力を傾けることは言うまでもありませんが、DIA を運営する同志社の、とりわけその国際教育の歴史に新たな、そして画期的・刺激的な一頁を刻むことになればという思いも強くありますし、また DIA が日本の教育全体に何らかのメッセージを発することができればという大望もあります。

　DIA 初等部。そして DISK。

　同志社の 135 年の歴史の大きな懐の中で展開される DIA の挑戦。


　いつもお心配りをいただいている総長の大谷實先生、理事長の野本真也先生、全面的に信頼をしてくださっている学長の八田英二先生、そしてゼロからのスタートを笑顔とエネルギーで引っ張ってくださっている片山傳生先生、その他多くの方々の温かなご支援に支えられながらのこれまでの、そしてこれからの道行きで

す。常の感謝の気持ちを忘れずに参りたいと思っております。

　本書の出版にあたりましては成文堂の土子三男さんにお世話になりました。この場を借りて御礼申し上げます。
　DIA設置準備室のすべての仲間たち（開校後DIAの教員として教壇に立たれる方々、そして大学職員の方々）にも感謝します。とりわけ第3章の翻訳をしてくださった辻本陽子さん、カルメン・タマシさん、本書に掲載しましたスライドの作成者である荒谷達彦さん、そして愛児あさひさんの子育ての合間に第8章の講演のテープ起こしをしてくださったSIS卒業生の安藤ゆかりさんに、心から御礼申し上げます。

　2011年、同志社は世界に向かって、新たなドアーを開きます。DIAの挑戦が始まります。

2010年7月25日
挑戦に相応しい真夏の強い光の日に。

大　迫　弘　和

# 自 由
*free*
（混声合唱曲）
姫路市民合唱団委嘱作品

作詩　大迫弘和
作曲　山岸　徹

**S / A / 男声**

いまでない　じかん―　ここでないばしょ―

せかいにはたくさんの―　じかんがあり―

注1) 混声3部合唱で歌う場合、男声パートがテノールとバスに分かれている部分は
テノールを省略し、バスのみを歌ってください。以下同様。

自由　159

せかいには たくさんの ばしょが ある
せかいには たくさんの ばしょが ある
せかいには たくさんの ばしょが ある

あなたは どのような じかんも
あなたは どのような じかんも
じかんも

じぶんのものにでき あなたは どこへでも
じぶんのものにでき あなたは どこへでも
じぶんのものにでき あなたは どこへでも

160

自由　　161

注2）59小節からのピアノ伴奏は2種類の楽譜があります。下段の楽譜の方がやや弾きやすく書かれています。
上下のどちらかを選択して弾いてください。

自由　　163

7

rit.
♪=108 ca.
Poco meno mosso
S
A
男声
Pno.
どこまでも ー
あなたは あなたは
どこまでも ー
あなたは あなたは
どこまでも ー
あなた
8va
どこまでもじゆ う
どこまでもじゆ う
は どこ ま で も
どこまでもじゆ う

自 由　165

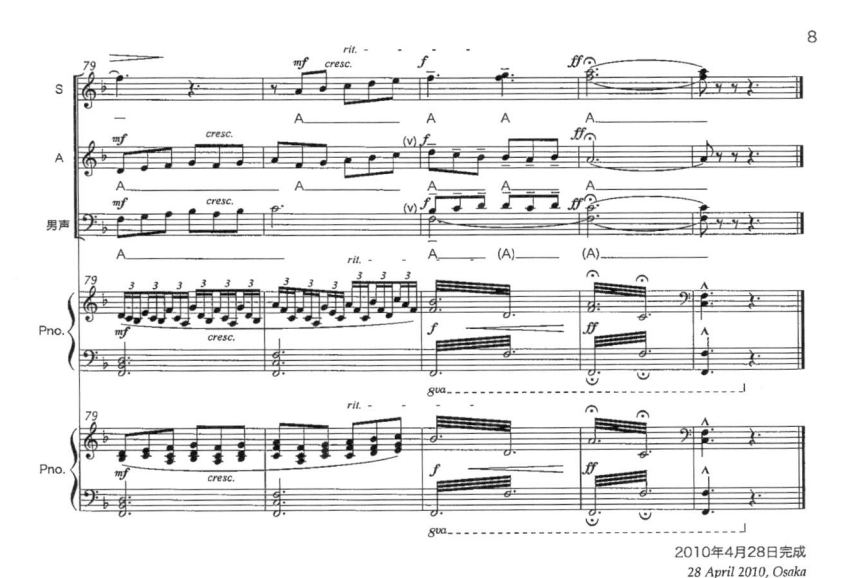

2010年4月28日完成
28 April 2010, Osaka

# 自　由
## free

大迫弘和

今でない時間
此処でない場所
世界にはたくさんの時間があり
世界にはたくさんの場所がある

あなたはどのような時間も自分のものに出来
あなたはどこへでも行ける

夕暮れの空と朝焼けを
地球は一緒に持っていて
見知らぬ人の住む街を
地球はたくさん持っている

世界には今でない時間があり
世界には此処でない場所がある

だから
あなたは
どこまでも自由

A Heartful of Love　―心いっぱいの愛―（翔文社書店）より

**著者紹介**

**大迫弘和**（おおさこ　ひろかず）

同志社国際学院設置準備室室長。東京大学文学部卒。1987－91在英。千里国際学園中等部・高等部校長、学校法人千里国際学園学園長、インターナショナルスクール総合研究所所長等を経て現職。2011年の同志社国際学院初等部（DIA初等部）及び国際部（Doshisha International School, Kyoto）の開校に際し両校の校長に就任予定。他に株式会社知の探究社代表取締役社長を務める。著書に『My Name Is… こどもたちのよき海外体験のために』（影書房　1994）、『この国の未来を創る学校―――日本型国際学校の可能性』（共著　創友社　2006）、詩集『A Heartful of Love　心いっぱいの愛』（翔文社書店　2005）、詩集『Self　わたしの中にわたしはいない』（木耳社　2009）

---

## The Challenge of DIA
### 同志社国際学院の挑戦

2010年11月10日　初版第1刷発行

|  |  |  |
|---|---|---|
| 著　者 | 大　迫　弘　和 |  |
| 発行者 | 阿　部　耕　一 |  |

〒162-0041　東京都新宿区早稲田鶴巻町514
発行所　株式会社　成　文　堂
電話 03(3203)9201　Fax 03(3203)9206
http://www.seibundoh.co.jp

製版・印刷　㈱シナノ　　　　製本　弘伸製本
Ⓒ H. Osako 2010　　Printed in Japan
☆乱丁・落丁本はおとりかえいたします☆
ISBN978-4-7923-9209-3 C0095

定価(本体1600円＋税)